••• **Títulos relacionados**

HOTR0608 SERVICIOS DE RESTAURANTE

[DISPONIBLE CERTIFICADO COMPLETO]

Solicítalos en:
- Librería
- www.paraninfo.es
- Solicitudes nacionales +34 914 463 350
- Solicitudes fuera de España +34 913 308 907, +34 913 308 919

Servicio y atención al cliente en restaurante

Miguel Ángel Fernández Menéndez
Marina Motto López

© 2024 Ediciones Paraninfo, S. A.
© Miguel Ángel Fernández Menéndez y Marina Motto López

Maquetación: Ediciones Nobel, S. A.
Ilustraciones: Pedro Quero Motto

Impresión: Liberdigital (Casarrubuelos, Madrid)
ISBN: 978-84-283-6694-6
Depósito legal: M-19764-2024

Impreso en España

Marina Motto López es licenciada en Historia por la Universidad de Oviedo. Forma parte del profesorado de la Fundación Escuela de Hostelería Principado de Asturias (actualmente Centro de Formación de Hostelería y Turismo OTEA) desde sus inicios en el año 1995. Durante quince años hasta la jubilación ejerce las funciones de jefe de estudios en el mismo centro y se encarga también de la consecución y tutela de las prácticas externas para los alumnos, así como de adecuar bibliografías, manuales y soportes documentales para la formación hostelera en la escuela. Realiza trabajos de investigación en el campo de las tradiciones gastronómicas. Colabora con la Universidad de Oviedo en cursos de Extensión Universitaria relacionados con alimentación y hostelería y en el Máster en Gestión y Desarrollo de la Industria Alimentaria.

Miguel Ángel Fernández Menéndez es técnico superior en Restauración y técnico superior en Finanzas. Desde los diecisiete años alterna los estudios con el trabajo en hostelería. Completa su formación con especialidades de sala (sumillería, corte de jamón, coctelería), a la vez que trabaja en sala de alta restauración. Forma parte del profesorado de la Escuela de Hostelería Principado de Asturias desde el año 2003, (actualmente Centro de Formación de Hostelería y Turismo OTEA), encargándose principalmente de la formación en Sala, Servicios y Gestión. Colabora con la Universidad de Oviedo en el Máster en Gestión y Desarrollo de la Industria Alimentaria.

Gestiona los eventos de un prestigioso establecimiento de Asturias y es partícipe y gerente de la empresa Asturgés Restauración, dedicada a la formación y al asesoramiento en la gestión de establecimientos hosteleros.

Ambos son coautores de otros títulos de esta editorial: *Aprovisionamiento y montaje para servicios de catering* (UF00262), *Elaboración y exposición de comidas en el bar-cafetería* (MF1049_2), *Supervisión y desarrollo de procesos de servicio en restauración* (MF1103_3), *Gestión de departamentos de servicio de alimentos y bebidas* (MF1104_3).

Índice

3. Técnicas de comunicación y atención al cliente 99

4. La venta en restauración 115

Introducción normativa

La Ley Orgánica 3/2022, de 31 de marzo, de ordenación e integración de la Formación Profesional, contiene una disposición derogatoria única que afecta a la regulación de los certificados de profesionalidad, ahora denominados **Certificados Profesionales**. La referida normativa deroga la Ley Orgánica 5/2002, de 19 de junio, de las Cualificaciones y de la Formación Profesional, y abre un escenario de cambios que se irán implementando progresivamente.

La Ley Orgánica 3/2022, de 31 de marzo, de ordenación e integración de la Formación Profesional implica que toda la formación es acumulable. La oferta formativa se estructura de forma escalonada, siendo los Certificados Profesionales un nivel intermedio (Grado C) de una escala que va desde el Grado A hasta el E.

En los artículos 35 a 38 de la Ley 3/2022 se describe en qué consisten estos Certificados Profesionales: su oferta, formación asociada, estructura, duración, acceso, titulación y validez. Posteriormente, esta normativa se completa con lo dispuesto en el Real Decreto 659/2023, de 18 de julio, que desarrolla la ordenación del sistema de Formación Profesional. Concretamente en los artículos 67 a 81 es donde se hace referencia a la oferta formativa de Grado C, correspondiente a los Certificados Profesionales.

Están agrupados en 26 familias profesionales con características comunes del sector. En la actualidad hay más de medio millar de Certificados Profesionales incluidos en el Repertorio Nacional. Esta cifra no deja de crecer. Además, cada certificado está específicamente regulado por un real decreto.

Un Certificado Profesional corresponde al Grado C de la oferta del Sistema de Formación Profesional. Es un documento oficial, con validez en todo el territorio nacional y debe constar en el Catálogo Nacional de Ofertas de Formación Profesional, que certifica la capacitación para el desarrollo de una actividad profesional.

Debe detallar los módulos profesionales superados y los estándares de competencia profesional asociados a él e incluidos en el **Catálogo Nacional de Estándares de Competencias Profesionales**, así como su correspondencia con el Marco Español de Cualificaciones.

Despliegan su validez en un doble ámbito, laboral y académico:

- En el contexto laboral tienen validez profesional, porque acreditan las competencias en una determinada profesión. Para poder trabajar en algunas profesiones, se exigen determinadas cualificaciones, y los certificados sirven para acreditarlas.

- Asimismo, tienen validez académica, puesto que permiten continuar un itinerario formativo siempre que se cumplan los requisitos de acceso para cursar la titulación deseada. De tal modo que, los Certificados Profesionales que sean parte de un Grado D permitirán la matrícula modular para completar los módulos establecidos en el currículo y obtener el correspondiente título de técnico básico, técnico o técnico superior con validez en todo el territorio nacional.

Para obtener un Certificado Profesional (Grado C) es preciso cumplir con los requisitos de acceso para realizar la formación.

Estructura de los Certificados Profesionales

I. Identificación: denominación, familia y área profesional a la que pertenecen; nivel de cualificación profesional (1, 2 o 3); cualificación profesional de referencia; entorno profesional y módulos formativos que esté previsto cursar junto con la duración de cada uno de ellos.

II. Perfil profesional: incluye las competencias profesionales requeridas en el mercado laboral. En todas ellas se concretan las realizaciones profesionales y los criterios de realización.

III. Formación: describe los módulos formativos que esté previsto cursar para adquirir las competencias requeridas. En cada uno de ellos se indican las capacidades que se pretende alcanzar y la duración del módulo de prácticas no laborales —PNL—, para el que cabe solicitar exención si se cumplen determinados requisitos.

IV. Prescripciones de las personas formadoras.

V. Requisitos mínimos de espacios, instalaciones y equipamiento.

Los Certificados Profesionales se identifican con una denominación concreta y un código alfanumérico propio, y sirven para acreditar una determinada cualificación profesional. Cada certificado está asociado a una relación de unidades de competencia que, a su vez, se vinculan con una serie de módulos formativos específicos. Algunos módulos están integrados por unidades formativas y tanto unos como otras son, en ocasiones, transversales, lo que significa que se trata de contenidos incluidos en más de un Certificado Profesional.

Los Certificados Profesionales se articulan en tres niveles de competencia profesional (1, 2 y 3) conforme a lo dispuesto en el que será el Catálogo Nacional de Estándares de Competencias Profesionales, anteriormente Catálogo Nacional de Cualificaciones Profesionales (CNCP), según los criterios establecidos de conocimientos, iniciativa, autonomía y complejidad de las tareas, en cada una de las ofertas de Formación Profesional.

La oferta formativa dirigida a la obtención de los Certificados Profesionales tiene carácter modular para favorecer la acreditación parcial acumulable de la formación recibida y posibilitar así el avance en el itinerario de Formación Profesional para cualquiera que sea la situación laboral de cada persona en cada momento.

En definitiva, el Grado C constituye la oferta, parcial y acumulable, del sistema de Formación Profesional, de varios módulos profesionales del catálogo modular de Formación Profesional por razón de su significado en el mercado laboral y conducente a la obtención de un Certificado Profesional.

Las ofertas de Grado C de Formación Profesional tendrán por objeto módulos profesionales incluidos previamente en el catálogo modular de formación profesional y asociados al Catálogo Nacional de Estándares de Competencias Profesionales.

Finalidad de los Certificados Profesionales

- Contribuir a la ordenación de un Sistema de Formación Profesional al servicio de un régimen de formación y acompañamiento profesionales que sea capaz de responder con flexibilidad a los intereses, expectativas y aspiraciones de cualificación profesional de las personas a lo largo de su vida.

- Combinar escuela y empresa situando a la persona en el centro del sistema.

- Facilitar el aprendizaje permanente de toda la ciudadanía mediante una formación abierta, flexible y accesible, estructurada de forma modular, a través de la oferta formativa asociada al certificado.

- Acreditar las cualificaciones profesionales o las unidades de competencia recogidas en estas, independientemente de su vía de adquisición, bien sea través de la vía formativa, o mediante la experiencia laboral o vías no formales de formación.

- Favorecer, tanto a nivel nacional como europeo, la transparencia del mercado de trabajo.

- Contribuir a la calidad de la oferta de Formación Profesional.

Este libro

El presente libro desarrolla la Unidad Formativa denominada *Servicio y atención al cliente en el restaurante,* UF0259.

Dicha unidad formativa está asociada a la Unidad de Competencia UC1052_2, forma parte del Módulo Formativo MF1052_2 *Servicio en restaurante* perteneciente a la Cualificación Profesional de referencia: HOT328_2, de nivel 2, incluida en el Certificado Profesional denominado *Servicios de restaurante,* dentro de la familia profesional Hostelería y turismo.

Según el Real Decreto 1256/2009, de 24 de julio, modificado el Real Decreto 610/2013, de 13 de mayo, y el Real Decreto 619/2013, los contenidos que en esta obra se recogen se corresponden con una duración de 50 horas.

Tanto la estructura como el desarrollo del libro se ajustan a los citados reales decretos y más concretamente a los contenidos de la Unidad Formativa que le da título *Servicio y atención al cliente en el restaurante,* UF0259.

Contenidos

1. Servicio del restaurante
    - Concepto de oferta gastronómica, criterios para su elaboración.
    - Platos significativos de la cocina nacional e internacional.
    - La comanda: concepto, tipos, características, función y circuito.
    - Procedimiento para la toma de la comanda estándar e informatizada.
    - Tipos de servicio en la restauración:
        - A la inglesa
        - A la francesa
        - Gueridón o rusa
        - Emplatado o americana
    - Marcado de mesa: cubiertos apropiados para cada alimento.
    - Normas generales, técnicas y procesos para el servicio de alimentos y bebidas en mesa.
    - Normas generales para el desbarasado de mesas.
    - Servicio de guarniciones, salsas y mostazas.

2. Atención al cliente en restauración
   - La atención y el servicio:
     — Acogida y despedida del cliente
     — La empatía
   - La importancia de la apariencia personal.
   - Importancia de la percepción del cliente.
   - Finalidad de la calidad de servicio.
   - La fidelización del cliente.
   - Perfiles psicológicos de los clientes:
     — Cliente lento
     — Cliente indiferente o distraído
     — Cliente reservado
     — Cliente dominante
     — Cliente indeciso
     — Cliente vanidoso
     — Cliente desconfiado
     — Cliente preciso
     — Cliente locuaz
     — Cliente impulsivo
   - Objeciones durante el proceso de atención.
   - Reclamaciones y resoluciones.
   - Protección en consumidores y usuarios: normativa aplicable en España y la Unión Europea.

3. La comunicación en restauración
   - La comunicación verbal: mensajes facilitadores.
   - La comunicación no verbal:
     — Gestos
     — Contacto visual
     — Valor de la sonrisa
   - La comunicación escrita.

- Barreras de la comunicación.
- La comunicación en la atención telefónica.

4. La venta en restauración

- Elementos claves en la venta:
  — Personal
  — Producto
  — Cliente
- Las diferentes técnicas de venta. *Merchandising* para bebidas y comidas.
- Fases de la venta:
  — Preventa
  — Venta
  — Posventa

Introducción a la obra

Las elaboraciones que se realizan en las cocinas de los restaurantes, los platos que demandan los clientes, no llegan por sí solos a las mesas de los comensales. Es imprescindible todo el trabajo desarrollado por el personal de sala antes del servicio, durante el servicio y después del mismo. Estos profesionales son protagonistas de la venta del producto restaurante. De su formación y buen hacer depende no solo gran parte del negocio sino también el prestigio social de la profesión y del sector turístico y hostelero.

La formación que se adquiere a través de los certificados profesionales asegura unos niveles de capacitación profesional a todos los partícipes que tengan verdadero interés y buena disposición ante la profesión. A través de la Unidad Formativa *Servicio y atención al cliente en restauración,* que desarrollamos en este libro, conocerán que el cliente es imprescindible para los fines del negocio y que merece toda la atención personalizada, incluso antes de su llegada al restaurante.

Hemos volcado, de manera organizada, los conocimientos adquiridos a través de años de experiencia profesional y docente. Aquí se explican las normas y técnicas necesarias y de conocimiento obligado para dar un servicio y atención al cliente de calidad. Además se mencionan las últimas tendencias en el servicio del restaurante; por ejemplo, en las modernas ofertas gastronómicas, en los tipos de servicio, en el montaje de mesas y lencería, el marketing de ventas... y las últimas normativas y recomendaciones pos-COVID.

Se insiste también en la imagen del personal de restaurante porque, en definitiva, el/la alumno/a a quien va dirigido el presente manual será un actor entrenado para vender, de manera natural, bienestar y momentos de felicidad a los clientes. Serán la imagen a la vista del establecimiento y de la calidad en Turismo y Hostelería, principal industria generadora de empleo y riqueza en la economía española.

Nuestro deseo es que cada cliente, servido y atendido por alguno de nuestros lectores/estudiantes, se sienta tratado como VIP en el establecimiento al que acuda.

1. Servicio del restaurante

Introducción

Se entiende por servicio del restaurante toda la oferta del local y los trabajos y atenciones encaminados a procurar la satisfacción del cliente y el éxito del negocio.

El **equipo humano,** la dirección (en muchos casos los propietarios) y los trabajadores (de sala, de cocina, de economato y bodega, personal de apoyo), son el elemento potenciador del negocio o el inhibidor de éxito si no funciona correctamente. Son las personas que atienden a los clientes quienes atraen el consumo en ese establecimiento o, por el contrario, espantan a la clientela si hay algunos fallos en la prestación del servicio.

Contenido

1.1. Concepto de oferta gastronómica, criterios para su elaboración

Las ofertas gastronómicas están encuadradas en el concepto de «producción de servicios», expresión que en marketing se conoce con el neologismo *servucción* (servicios y producción). La producción se asocia a la de los bienes tangibles (un mueble, un vehículo...). Los servicios se refieren a aspectos intangibles: la acogida, la amabilidad, la comodidad, la iluminación...

Hay tres elementos básicos en un negocio hostelero: el *cliente,* el *soporte* y el *personal cara al público.* Sin cliente no hay negocio; el *soporte* se refiere a los alimentos y bebidas que consume el cliente, los materiales en que se sirve (vajilla, cristalería...), instalaciones, mobiliario, decoración, la profesionalidad del servicio, etc., que se dispensa al cliente. El *personal cara al público* es el gran responsable del día a día en el éxito del negocio, pues atiende en directo al cliente.

La oferta de servicio de comidas y bebidas (concepto de restaurante) está presente en diferentes tipos de establecimientos bien por canales de restauración independiente o restauración organizada.

Hay dos grandes grupos de negocio en restauración:

- La restauración comercial: cafeterías, bares, restaurantes, la oferta de los hoteles (con sus propias cafeterías, restaurantes y servicios especiales en sus salones), los pubs de copas y salas de fiestas, la neorrestauración que incluye modalidades de servicio rápido como:
    - *Fast-food:* comida rápida.
    - *Delivery food:* comida servida a domicilio.
    - *Take away:* comida lista para consumir y que la recoge el cliente en el establecimiento.
    - *Drugstore:* tienda que vende comida elaborada y otros productos.
    - Restaurantes étnicos: kebab, chinos, mexicanos...
    - Restaurantes temáticos: creperías, sandwicherías, bocaterías.

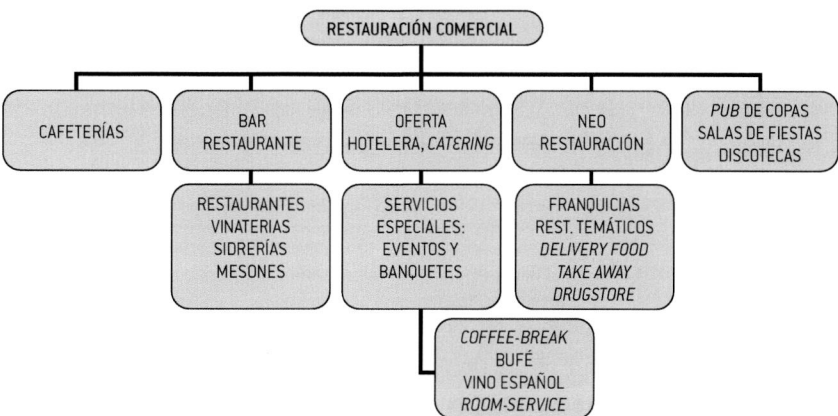

Figura 1.1. Tipos de establecimientos que ofertan restauración comercial.

- **La restauración cautiva**: se trata de un servicio para un número de personas pactado previamente con el cliente en la restauración cautiva comercial, y sin posibilidad de elección en la social.

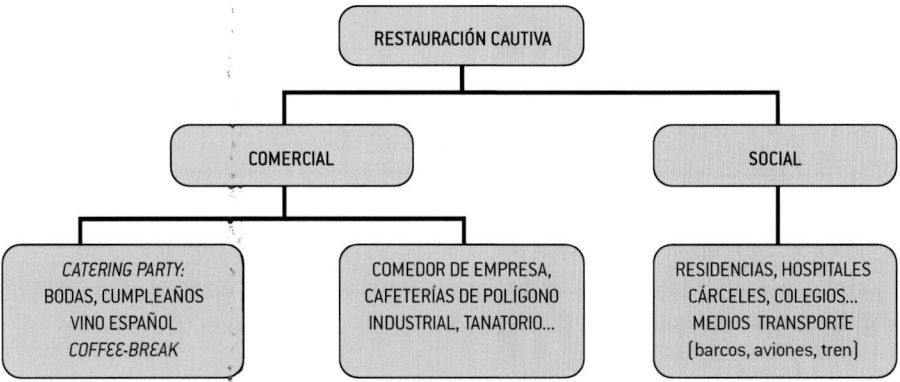

Figura 1.2. Tipos de establecimientos que ofertan restauración cautiva.

Un servicio de *catering* se caracteriza porque las elaboraciones se realizan en una cocina central y se transportan y se sirven en otro lugar.

La composición de las diferentes ofertas gastronómicas de cada establecimiento (menú, carta u otras) deben realizarse de acuerdo con:

- La categoría y tipo de negocio.
- Las existencias de la cocina y almacén.
- La capacidad de abastecimiento del mercado local y/o proveedores.
- La capacidad económica de compra y de almacenamiento del establecimiento.
- La época del año en que se ofrece.
- La ubicación del establecimiento.

1.1.1. Las principales ofertas gastronómicas

Las principales ofertas gastronómicas que pueden plantearse en un establecimiento son: menú, carta, sugerencias, platos del día, ofertas especiales, menú bufé...

a) El menú

Es la oferta básica de un restaurante. Su composición suele ser variada y más o menos amplia.

- **Menú de desayunos**

 El desayuno es la primera comida del día y los establecimientos ofrecen a sus clientes diversas opciones según su modalidad, categoría y posibilidades:

- Desayuno **continental**: café, té o chocolate, bollería, pan tostado, mantequilla, mermeladas, miel y zumos.

- Desayuno **americano**: además de lo ofertado en el continental, se añaden cereales, huevos, salchichas embutidos, beicon.

- Desayuno **anglosajón**: igual que el americano, pero en vez de cereales se sirven *baked beans*[1].

- Desayuno **de la casa**: en muchas ocasiones, los locales de hostelería (principalmente las cafeterías) tienen una oferta cerrada, como café más bollería o pincho y zumo por un precio cerrado (por ejemplo, 3,50 €), que resulta inferior a la suma de los tres productos si se solicitan por separado. Es un atractivo para aumentar la facturación del local.

- Desayuno **bufé**: la oferta es más amplia y atractiva, frecuente en hoteles, y el cliente puede degustar lo que desee por un precio fijo. Se incluyen:

  - Bebidas calientes: café, infusiones, chocolates.
  - Bebidas frías: zumos, agua.
  - Frutas, yogures, derivados lácteos, cereales.
  - Platos fríos: fiambres, quesos...
  - Platos calientes: revueltos, beicon, salchichas...
  - Bizcochos, bollería, churros y panes, acompañados de mantequillas, mermeladas y aceite de oliva.

- **Desayuno a la carta**: el cliente pide lo que desee de una carta.

- **Desayuno *room-service*:** el desayuno se sirve al cliente en su habitación de hotel.

- **Menú de almuerzo o menú del día**

  Es el que se sirve a mediodía, se puede denominar *comida*, siempre que al servicio de noche se le llame *cena*.

  Es el llamado «menú de la casa» desde una Ley de 1981. La obligatoriedad de esta oferta varía según la comunidad autónoma y se define como una «oferta conjunta de al menos dos platos, pan, una bebida y postre». Se vende a un **precio cerrado** (es obligatorio tener el IVA incluido en los precios). Puede variar mucho según la categoría y modalidad del establecimiento. Suele estar formado por dos o tres grupos de platos (primero, segundo y postre), con una o varias opciones de elección

---

[1] *Beans*: alubias pequeñas estofadas.

entre los grupos, incluidos el pan y la bebida. **El cliente elige** y conforma su propio menú con **una especialidad de cada grupo.**

Como **primeros platos** se ofertan entradas de fácil digestión: cremas, ensaladas, verduras, arroces, pastas, entremeses... y también los de cuchara como potajes, cocidos... En el grupo de los **segundos platos** se ofrece un plato principal basado en proteínas(pescados, carnes, huevos). Los **postres** son elaboraciones de repostería (tartas, flanes, natillas, arroz con leche...), helados y frutas frescas o en almíbar. También se suele ofertar, por un precio menor, el **medio menú,** que consiste en la elección de un sólo plato del primero o del segundo grupo, más el postre y la bebida.

- **Menú de cena**

  Es similar al menú de almuerzo, pero los platos deben ser más ligeros y digeribles. Como **primeros platos** se ofertan cremas, sopas, caldos y consomés, ensaladas y verduras. Entre los **segundos** han de figurar huevos, pescados y algunas carnes. En los **postres** se incluyen: fruta fresca variada, helados, yogures y zumos naturales.

- **Menú de cóctel**

  Se sirve **antes de un almuerzo o de una cena,** pero **no debe sustituir** a ninguna. Es una oferta gastronómica especial con pequeñas elaboraciones saladas calientes o frías de bocado, que no necesiten cubiertos. Se acompañan de bebidas y es apropiado para inauguraciones, presentaciones... Deben ofertarse **entre ocho y doce variedades,** y si los comensales no sobrepasan el número de cuarenta, hay que preparar uno de cada variedad por persona (ocho a doce por persona). Si son más de cuarenta invitados, el cálculo es de 0,75 % por persona (seis a nueve especialidades por persona).

- **Menú de *lunch***

  Se sirve **a media tarde** y **puede sustituir** a un menú de almuerzo o cena. La composición es similar a la del cóctel, pero con un mayor número de especialidades por comensal, y suele incluir también elaboraciones dulces. Es un menú muy adecuado para eventos como las bodas.

- **Menú degustación**

  Es un tipo de menú cada vez más frecuente, sobre todo en restaurantes de cierta categoría o con cocina de autor o galardonados con alguna distinción como estrellas Michelin. Por un precio global se ofrecen al cliente **varios grupos de platos** (al menos cuatro platos y dos postres) muy elaborados y variados para que el cliente pruebe casi todas las especialidades del establecimiento. Se relaciona con la expresión *menú largo y estrecho* porque aumenta la cantidad de platos y se reduce el racionado de cada uno (se sirven **medias raciones**). El servicio ha de ser muy cuidadoso y la estética y la armonización de los géneros tienen gran importancia.

Este modelo de menú degustación se está exportando a otro tipo de establecimientos, más populares, por las ventajas de marketing que le acompaña.

- *Brunch*

  Es la combinación entre *breakfast* (desayuno) y *lunch* (almuerzo). Se sirve en horario entre las 11:00 y las 14:00. Es una oferta **frecuente en hoteles** y en fin de semana o domingos. Incluye preparaciones saladas sencillas (fiambres, embutidos, canapés, sándwiches, revueltos...) y dulces (bollería, bizcochos...), fruta, así como bebidas frías (refrescos, zumos, incluso cava) y calientes (cafés, chocolates, infusiones...).

- *Drunch*

  Es la oferta que combina merienda y cena (*dinner+lunch*), en horario de 18:00 a 21:00. Es una **nueva tendencia** que combina tapas, sándwiches, raciones pequeñas, y se acompaña con alguna copa de vino, cerveza, refrescos... Cubre el espacio intermedio entre la comida y la cena a la salida del trabajo.

- Menú de banquetes

  Es el que suele contratarse para la celebración de determinados acontecimientos como: bodas, bautizos, homenajes... Por un **precio fijo** por comensal, se incluyen **varios platos** y las **bebidas** que los acompañan. La composición de los platos los puede ofertar el establecimiento o los elige quien contrate el banquete. El menú elegido se edita para la ocasión y para cada comensal (por supuesto sin poner precios). En él se reflejan con claridad todos los platos del menú, incluidos aperitivos, postres, sorbetes (*cortantes*, en ocasiones, entre dos platos principales) y las bebidas (vinos, cavas, licores, cócteles...)[2].

- Menú concertado

  Es el fijado previamente y por **encargo para grupos**. Ofrece al cliente una variedad y cantidad de platos elaborados en el establecimiento. El

---

[2] El servicio del menú de banquetes exige un **protocolo apropiado**, por ejemplo, para una mesa presidencial de boda, se necesitan dos camareros y es la única ocasión de servicio en que los camareros caminan de espalda.

contenido de este menú debe ser suficiente y equilibrado desde el punto de vista nutricional y debe responder a las expectativas gastronómicas de los clientes (observar la demanda de cada plato...). Hay que cuidar el **equilibrio** entre la **cantidad** servida, la **calidad** ofrecida y el **precio** cobrado.

- **Menú para llevar (*take away*)**

  El cliente elige un menú de las diferentes opciones del establecimiento. Se lo envasan en recipientes de un solo uso y se lo lleva para consumirlo en casa, en el trabajo...

- **Menú-carta**

  Es una oferta que combina las características del menú y las de la carta: se ofrecen al cliente unos platos a precio fijo como en un menú convencional, pero esos platos están concentrados por grupos y hay menos que en una carta; la elección es más atractiva y el cliente puede hacer su combinación de platos al gusto. Suele utilizarse en hoteles donde la estancia de los clientes puede ser por varios días. Se puede programar cada semana, cada quince días e incluso al mes.

- **Menú infantil**

  Los platos con mayor aceptación entre los niños son de elaboración sencilla, rápida y de bajo coste. Por eso pueden ofrecerse a precios asequibles. En el diseño de este menú se tienen en cuenta las edades de los niños, cuidar una presentación muy atractiva (dibujos, motivos infantiles, colorido) y una letra fácilmente legible.

- **Menú gastronómico (jornadas gastronómicas)**

  Durante un corto periodo de tiempo (un día, varios días, una semana...) se ofrecen las diferentes especialidades de una localidad, comarca, región o todo un país. Se ambientan los locales para la ocasión e incluso se amenizan con grupos folclóricos y actuaciones musicales.

- **Menú dietético/vegetariano/para alérgicos**

  Existe una tendencia hacia la comida saludable y equilibrada. Aumenta la información al respecto y, para adecuarse a esas expectativas de la clientela, muchos establecimientos de restauración ofrecen menús que cumplen los siguientes requisitos:

  — Raciones correctas: cantidad justa y proporción de ingredientes adecuada.

  — Preparaciones sencillas y estéticas: hortalizas crudas o hervidas, carnes y pescados a la plancha o parrilla, evitando salsas pesadas.

— Menús vegetarianos, ovolácticos, veganos...

— Control del gluten para celíacos[3] u otras alergias alimentarias.

— Adecuación de platos del menú a las dietas más frecuentes: hiposódica, hipocalórica, hipercalórica o energética, etcétera.

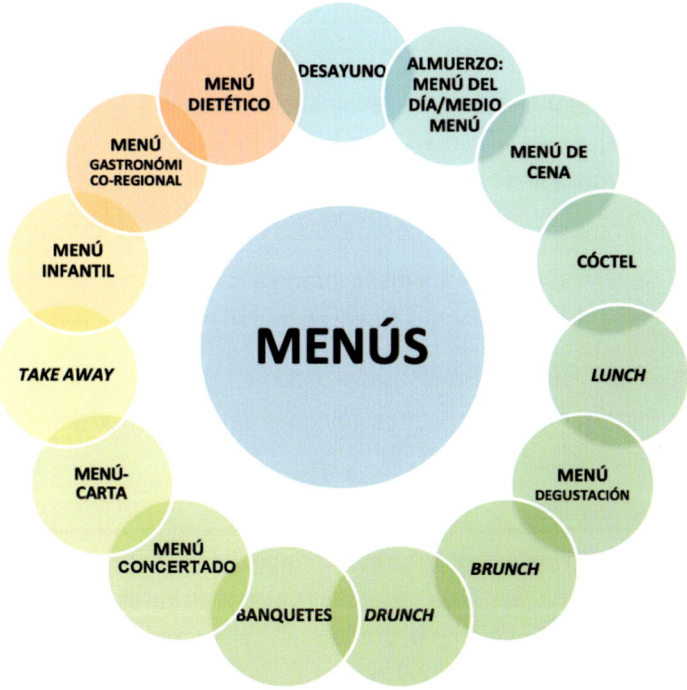

Figura 1.3. Tipos de menús.

b) La carta

La carta es la **oferta de todos los platos de un establecimiento,** cada uno con su precio y que se preparan en el momento a petición del cliente. En la carta los platos se agrupan en **series** y el cliente tiene mayor posibilidad de elección según sus propios gustos, necesidades y economía. Según el orden de presentación y protocolo de degustación (se colocan los platos fríos antes que los calientes y los platos más ligeros antes que los más fuertes, además de alguna sugerencia). Actualmente[4] se establecen series como las siguientes:

---

[3] Se precisa una zona de cocina específica y aislada, donde no llegue harina ni a través del aire.

[4] Se tiende a simplificar la carta con productos de éxito para ofertar calidad, facilitar la elección y alcanzar rentabilidad.

Entradas frías

- Embutidos o chacinas: jamón o paleta ibéricos, cecina, tablas variadas, *carpaccio*...

- Quesos: porciones de un solo queso o tablas variadas, acompañados de frutos secos, mermeladas, distintos tipos de pan....

- Pasteles, patés y terrinas: pastel de cabracho (pescado), pastel de queso, paté de hígado de pato al armañac, terrina de *foie*...

- Ensaladas: internacionales (ensalada César), de la casa (cecina y queso de cabra), ensaladilla rusa, ensaladas templadas (de *carpaccio* de buey, de codorniz a la niña de mis ojos)...

    — Hummus o similares como el *baba ganoush* o *mutabbal*.

    — Guacamole: hoy muy incorporado a la dieta por el incremento en el consumo de aguacate. Suele acompañarse de nachos.

    — Salmorejo y gazpachos.

    — Encurtidos y escabeches: anchoas del Cantábrico sobadas a mano, boquerones aliñados....

Entradas calientes

- Entremeses calientes: frituras con rebozados, en masa orly, en tempura, a la romana. Son muy atractivas por la gran variedad y por su presencia y textura. Por ejemplo: croquetas, calamares, chipirones, verduras (bastones de berenjena en tempura), pollo en tiras (*fingers* de pollo con salsa de mostaza).

- De parrilla: técnica apreciada por el sabor que aporta. Por ejemplo: para chorizo rojo, costillas, criollos....

- Sopas (castellana, de gallina, bullabesa...), cremas (de calabacín, de verduras...) y platos de cuchara , potes o pucheros (platos regionales como fabada, cocido madrileño, cocido maragato, guisos como marmitako, patatas a la riojana...).

- Pastas (lasañas, espaguetis, macarrones, fideuás...) y arroces (paellas, caldero murciano, arroz a banda, arroz a la cubana...).

- Verduras (menestra, coliflor...).

- Huevos: revueltos, tortillas...

Pescados y mariscos. Algunos ejemplos recomendables:

- Bacalao (fácil mantenimiento en almacén): bacalao vizcaína, pilpil...

- Merluza (escasa fluctuación de precio a lo largo del año): a la romana, en cazuela, salsa verde...

- Rape (por su dureza, aguanta fresco mejor que otros): al horno, plancha, en fritos...

- Pescados de la zona: bonito del norte (rollo de bonito...).

- Pescados según rula.

- Cefalópodos y mariscos.

Carnes: la carta debe ofertar diferentes platos de carne de distintas especies y sistemas de cocción (plancha, parrilla, guiso, frito).

- Cerdo: carrilleras de ibérico,manitas...

- Vacuno: entrecot de ternera, cachopo...

- Ave: *coq au vin,* pechugas Villeroy, *pitu de caleya*...

- Ovino: paletilla de cordero asada...

Postres: elaboraciones frías y calientes dulces y alguna fruta.

- Flan, tocinillo, natillas...

- Tartas: *coulant* de chocolate, de manzana, de almendra, de queso...

- Helados.

- Fruta fresca, macedonia de frutas.

Una carta muy recargada de platos dificulta su lectura, despista al cliente y retarda el tiempo de elección.

> *Un número adecuado de platos puede ser entre 22 y 24 especialidades bien elegidas y es tendencia distribuirlas solamente en cuatro o cinco series: entradas, platos principales, sugerencias y postres.*

- **Planificación de la carta**

    Para planificar la carta hay que hacer un estudio previo de mercado analizando:

    — El volumen de ocupación de la competencia.

    — La oferta gastronómica de la competencia: platos y precios.

    — La situación geográfica: puerto pesquero, ciudad...

— Las características del local, incluidas las cocinas.

— El perfil de la clientela (*target* o público al que se orienta la venta).

• **Presentación y redacción de la carta**

La carta, además de informar, representa también una imagen del restaurante por lo que su diseño debe cuidarse con esmero.

• **En cuanto al soporte:**

1) **Físico**

— En papel de calidad; el color en sintonía con el establecimiento, con una grafía que destaque lo suficiente para leerla sin dificultad; el formato suele ser en forma de díptico o tríptico.

— Manejable y de fácil reposición: carpeta tipo en la que se coloque el papel impreso y se pueda reponer según necesidad o deterioro[5].

— El nombre del restaurante y su anagrama deben figurar en la carta.

— La letra debe ser clara y legible, con suficientes espacios en blanco para facilitar la lectura (márgenes, espacios entre los grupos de platos...).

— Separación clara entre las secciones o grupos de platos.

— Punteado hasta el precio de cada plato.

— Diseño gráfico en consonancia con el tipo de establecimiento y su decoración.

— Estructura visual: colocar los platos en las zonas visuales adecuadas ayuda a vender los platos más interesantes para el negocio. Hay tres zonas visuales de referencia.

- *Zona visual óptima*: zona donde el cliente dirige la vista en primer lugar al leer la carta, por encima del centro y a la derecha. Conviene colocar ahí los platos con mayor margen de ganancia.

- *Zona visual favorable*: la mirada se va ahí, en segundo lugar, parte inferior derecha, y es donde se ponen platos que dejan importante margen.

---

[5] Nunca se debe entregar al cliente una carta sucia, deteriorada o con tachones.

- *Zona visual desfavorable*: la vista se dirige a esa zona en último lugar, parte inferior izquierda, y es donde se colocan los platos que se venden muy bien sin destacarlos. El ojo realiza el recorrido según la numeración.

CARTA	
3	1
4	2

Figura 1.4. Recorrido del ojo.

2) Soporte digital

En muchos locales y sobre todo a raíz de la pandemia, evitan soportes físicos y se ha normalizado este tipo de cartas en código QR.

Figura 1.5. Carta en código QR.

- **En cuanto a los platos y el lenguaje**
  — Cuidar que el nombre de cada plato responda a una receta auténtica (que no resulte engañoso).
  — Disponer de cartas traducidas a otros idiomas, sobre todo en restaurantes con clientela extranjera, pero sin intentar traducir lo imposible (paella, fabada...), si acaso una aclaración entre paréntesis de los ingredientes y técnica de cocción.

— La descripción de los platos debe ser corta y sencilla con vocabulario estándar.

— Las elaboraciones propias de una región suelen usar la expresión *a la* (callos a la madrileña, truchas a la navarra), pero no siempre (fabada asturiana, gazpacho andaluz, pisto manchego), y no hay que abusar en la carta de esa expresión.

— Asegurar la correcta ortografía.

— Mencionar los precios y evitar la expresión *según mercado, s/m.*

— Resaltar las sugerencias del día o de la temporada.

- **En cuanto al aspecto gastronómico**

— Las elaboraciones deben garantizar al comensal un equilibrio dietético según la normativa y recomendaciones sobre nutrición.

— No deben figurar varias elaboraciones con los mismos ingredientes, ni tampoco la misma guarnición para diferentes platos.

- **Información complementaria**

— Es obligatorio que en la carta aparezca, además del anagrama o sello del establecimiento, los servicios que están incluidos (IVA incluido).

— Es recomendable, pero no obligatorio que aparezca alguna información sobre: horarios, vacaciones, *mail,* página web, redes sociales, otros servicios (banquetes...), nombre del chef, del *maître...*

- **Marketing de la carta**

Para la colocación de las series de platos en la carta hay que recurrir a las técnicas de marketing actuales. Además de la mencionada *zona visual,* conviene cuidar mucho:

— Presentar la selección de platos en grupos y como un conjunto variado y armónico en la oferta del establecimiento.

— Resaltar los platos que contribuyen a la buena fama del restaurante colocándolos en buenas zonas visuales, con expresiones atractivas, típicas o exclusivas.

— Chequear y valorar con frecuencia la demanda de los platos de la carta.

- **Tipos de carta**

Otras cartas, además de la de los platos de comida, son:

— *Carta de vinos*: comienza por el grupo de vinos blancos, seguidos de los rosados y de los tintos nacionales (crianzas, reservas y grandes reservas), por este orden. A continuación, la oferta de vinos extranjeros y, por último, el grupo de cavas y champán.

— *Carta de postres*: si se tiene esta carta aparte, se entrega al cliente después de terminar los platos principales.

— *Carta de cafetería*: con las bebidas y las elaboraciones culinarias de cafetería (tapas, canapés, sándwiches, platos combinados...).

— *Carta de* room service: servicio de habitaciones en los hoteles. Está a disposición del cliente en la habitación, incluye algunas elaboraciones del restaurante, pero son más sencillas. En horario nocturno, se simplifica más y son comidas rápidas (sándwiches, revueltos...).

c) Sugerencias y platos del día

Se destacan en lugar visual de la carta o en nota aparte. También en pizarra al exterior o cantados al comensal por el camarero antes de la toma de comanda. Se presenta como «recomendación del chef»... o plato atractivo del día por composición, especialidad, precio, etc. Suelen ser géneros comprados a buen precio y/o que deban venderse ya, consiguiendo una buena rentabilidad.

d) Ofertas especiales

Suelen ser:

• Con motivo de promocionar algún producto de temporada o especial.

• Con motivo de días especiales: menú del Día de la Madre...

• Una determinada combinación: menú ejecutivo, menú para compartir, el plato del día...

• Con vales descuento por fidelidad...

e) Menú bufé

En este tipo de oferta, toda la comida está a la vista del cliente en mesas apropiadas y de fácil acceso para que el comensal se sirva él mismo (*self service*) lo que desea y lo lleve a su mesa.

La presentación del bufé es muy atractiva, la comida está muy bien expuesta, en diferentes alturas, con gran colorido y aspecto muy fresco: **FRAC** (frescura, relieve, abundancia, color).

Al cliente se le facilita todo el menaje necesario en mesas auxiliares: bandejas, platos, cristalería, cubiertos y servilletas.

Las ventajas de un servicio de bufé:

- El cliente compone su propio menú.
- El precio es cerrado y razonable.
- La cantidad y raciones son a gusto del cliente.
- Servicio ágil y con poco personal: comen muchas personas a la vez, y los camareros solo se ocupan de servir las bebidas y retirar la mesa.

1.1.2. Criterios para la elaboración de los diferentes tipos de menú

Para que los menús resulten atractivos, saludables y rentables deben tenerse en cuenta normas básicas para planificar y diseñar estas ofertas gastronómicas:

- Desde el punto de vista **dietético**, los menús:
  - Deben ser equilibrados y deben aportar los nutrientes necesarios.
  - Deben estar orientados al gusto y características del comensal.
  - Deben confeccionarse con productos de calidad, manipulando los géneros en óptimas condiciones higiénicas.
  - Deben ofrecer los platos más fuertes, de digestión más difícil, en la hora del almuerzo, e incluir menús más ligeros para el servicio de cena.
- Desde el punto de vista **económico**:
  - Hay que tener en cuenta las mercancías existentes tanto en la cocina como en economato y bodega.
  - Es preferible utilizar productos de temporada y de la zona.
  - Hay que conocer el mercado para no rebasar los costes establecidos.
  - Hay que trabajar con precios estándar.
  - Debe realizarse el escandallo[6] de cada plato y del menú completo.
- Desde el punto de vista de la **organización**:
  - Programar el menú con suficiente antelación para realizar el aprovisionamiento y anticipar el trabajo (la *mise en place*).
  - Reparto de tareas equitativamente entre las distintas partidas[7] de cocina.

---

[6] El escandallo es un cálculo pormenorizado del coste real de todos los ingredientes de un plato.

[7] Una partida es un equipo organizado de cocineros y ayudantes que se ocupa de un grupo de platos: *entremetier, rôtisseur,* cuarto frío, salsero, postres...

— Confeccionar los menús teniendo en cuenta las dificultades de elaboración; por ejemplo, en épocas de máxima afluencia es conveniente realizar menús fáciles de elaborar para dar un servicio fluido y esmerado.

- Desde el punto de vista **gastronómico y organoléptico**[8]:

    — Hay que evitar que en el mismo menú figuren dos o más platos elaborados de la misma manera (verduras *a la parrilla*, carnes *a la parrilla*).

    — No deben repetirse salsas y guarniciones en el mismo menú.

- Desde el punto de vista **estético**:

    — La carta debe mostrarse en papel de buena calidad y de colores claros.

    — La presentación debe ser sencilla, en soporte de carpeta o similar. Debe incluir el logotipo del establecimiento con la indicación, en su caso, si es un almuerzo o una cena.

    — Los platos se deben indicar con letra clara, sin faltas de ortografía, sin tachones y evitando nombres complicados y redundancias.

    — En ocasiones se presentan fotos de los platos de la carta.

1.2. Platos significativos de la cocina nacional e internacional

Para elegir los alimentos y sus posibilidades de preparación, cada cultura depende de su entorno geográfico, la economía, las tradiciones, las motivaciones religiosas[9], los medios de comunicación y la publicidad.

Estas influencias se interrelacionan, en los países desarrollados, con los actuales conocimientos de nutrición y salud, la ecología y el respeto al medio ambiente y la prevención de pérdidas (menos grasas saturadas, productos naturales frescos, productos kilómetro 0, reducir el desperdicio alimentario...).

1.2.1. Platos españoles. Influencia

La cocina española se relaciona con la dieta mediterránea, reconocida como la mejor del mundo y declarada Patrimonio Cultural Inmaterial de la Humanidad por la Unesco. Los vinos y los quesos también gozan de gran prestigio, amparados por las denominaciones de origen (DO). Destacan los siguientes productos y platos:

---

[8] Valoración agradable de los alimentos que se aprecia a través de los sentidos: sabor (gusto), olor (olfato), color (vista), textura (tacto), crujiente (oído).

[9] Por ejemplo: los musulmanes no consumen carnes de cerdo ni vino, la comida *kasher* judía, el hinduismo y el respeto a las vacas; el cristianismo y la cuaresma (consumo de bacalao).

- **Ingredientes** propios de la dieta mediterránea: **aceite de oliva, pan de trigo y los productos de la vid,** frutas y verduras frescas, pescados frescos; carnes frescas de ovino, caprino, vacuno y porcino; cereales, legumbres, frutos secos, hierbas y especias. Además, en España destacan salazones y embutidos (jamón ibérico, chorizos, morcillas...).

- Platos:
  - La paella: es el plato más internacionalmente conocido y tiene múltiples variantes.
  - Los cocidos españoles. En cada región destaca un tipo de cocido (cocido madrileño, fabada asturiana, caldo gallego...).
  - La tortilla española, de patata, muy demandada.
  - Fama internacional tienen las variadas tapas. La moda de la minicocina lanza la cultura española de las tapas a todo el mundo y también los típicos pinchos entre los que destacan los *pintxos* del País Vasco.
  - Los dulces navideños: turrones y mazapanes.

- Bebidas: los vinos con denominación de origen (Rioja, Ribera de Duero, Rías Baixas...), la sidra asturiana y vasca, el cava catalán, los vinos generosos (manzanilla, fino), entre otras muchas referencias.

Tradicionalmente, el mapa de España se divide en **siete zonas gastronómicas,** según las costumbres y productos de cada región; son las siguientes:

- *Zona de las salsas*

  Comunidades autónomas del Cantábrico, con platos de cuchara y guisos:
  - **Galicia:** caldo gallego, lacón con grelos, empanadas, merluza a la gallega, mariscos. Postres: filloas. Quesos: Tetilla, San Simón, Arzúa. Vinos con DO: Rías Baixas, Ribeiro, Ribeira Sacra, Valdeorras...
  - **Asturias:** fabada, pote asturiano, merluza a la sidra, rollo de bonito, carne gobernada, cachopo. Postres: arroz con leche, *frixuelos, casadielles* (pasta rellena de una farsa de nuez). Quesos D.O.: Cabrales, Gamoneu, Afuega'l pitu, Casín, Los Beyos... Bebidas: sidra, que se sirve escanciada, y vino de Cangas DOP.
  - **Cantabria:** cocido montañés. Postres: queixadas, sobaos pasiegos. Queso de Cantabria, Quesucos. Vino de la Tierra Costa de Cantabria.
  - **País Vasco:** bacalao pilpil, bacalao vizcaína, marmitako (guiso de patatas con bonito), *kokotxas*[10] en salsa verde, chipirones en su tinta, *pintxos*

---

[10] Bocado del pescado de la parte inferior de la barbilla, muy gelatinoso, en forma de triángulo, generalmente de merluza o bacalao.

muy variados. Quesos como el Idiazábal, ahumado y en forma de cono. Bebidas: *txacolí* (vino blanco), sidra vasca, que no se escancia, se sirve desde una espicha del tonel.

- *Zona de los asados*

  Se extiende por las comunidades de **Castilla y León, Extremadura, Madrid, Castilla-La Mancha y parte de La Rioja.** Las carnes de ovino, porcino y caprino se preparan asados en horno o sobre leña de sarmiento: lechazo, cochinillo... Como platos de cuchara los cocidos en *tres vuelcos*[11] con garbanzos: cocido madrileño, cocido maragato o al revés (se empieza por las carnes y se termina con la sopa), *Sopa Castellana* (sopa de ajo). Dulces: mazapanes de Toledo, yemas de Ávila, natillas. Queso manchego con DO y vinos: Rueda, Toro, Ribera de Duero, La Mancha... Embutidos, como la morcilla de arroz.

- *Zona de los Chilindrones*

  Incluye **Aragón, Navarra y parte de La Rioja.** El chilindrón es una base de tomate, pimiento, trocitos de jamón y chorizo en casi todos sus guisos: pollo al chilindrón, patatas a la riojana. Los vinos de Rioja son conocidos en todo el mundo.

- *Zona de los pescados*

  Cataluña con sus zarzuelas de pescados y otros platos como escalibada, pato con peras, caracoles, *calçots* (especie de cebolletas tiernas a la parrilla), crema catalana como postre y cava como bebida.

- *Zona de los arroces*

  Comunidad Valenciana y Murcia. Paella valenciana, arroz a banda, arroz del *senyoret,* arroz negro, caldero murciano, fideuá (elaborada también en paella pero con fideo perla o de otro tipo, en vez de arroz).

- *Zona de los fritos*

  Andalucía produce aceite de oliva desde siglos: *pescaíto* frito. Sopas frías: gazpacho andaluz, ajo blanco malagueño, salmorejo. Dulces: alfajores, mantecados, polvorones. Vinos con DO: Málaga, Jerez, Montilla-Moriles. Salazones como la mojama, de atún y jamón de Jabugo.

- *Zona insular*

  Baleares: salsa mahonesa (en polémica con Francia en cuanto a su origen), sobrasada, ensaimadas.

  Canarias: salsas típicas como el mojo picón verde, y el rojo; las papas *arrugás*, el almogrote (especie de paté de queso con tomate y picante), el queso majorero.

---

[11] *Vuelco:* cada uno de los platos que resultan de una única elaboración culinaria y se sirven y consumen por separado. Como ejemplo el cocido de garbanzos: la sopa, los garbanzos y las carnes... es un plato de tres vuelcos.

La cocina española está al más alto nivel, figurando en las listas de galardones como "El mejor cocinero del mundo", "El mejor restaurante del mundo". Destaca la influencia de cocineros mediáticos españoles con varias estrellas Michelin cada año, que ponen la gastronomía española en el mapa mundial: (en su día Ferran Adrià, Berasategui, Joan Roca, Arzak, Nacho Manzano, Dabid Muñoz...).

1.2.2. Platos de Europa

- *Cocina francesa*

    Famosa como referente de la alta cocina. Destacan: la bullabesa, sopa de pescado donde se sirven los pescados aparte y se acompañan con salsa alioli. La *ratatouille,* un tipo de pisto con calabacines, berenjena, tomate, cebolla, ajo, pimientos rojos y verdes, albahaca. Los callos o *tripes al* estilo de Caen (zona de Normandía donde también hay sidra y es la zona original del calvados). Patés y el *foie* de oca, las pulardas y los capones, el famoso *coq au vin,* los *scargots* (caracoles). La langosta a la americana (denominación improvisada que le dio su inventor, un cocinero francés). Postres como tarta Tatin, *crêpes* Suzette. Quesos tan famosos como roquefort, brie. Afamados vinos como borgoña, alsacia y el *champagne,* bebida ligada a la cultura y al *glamour* del país vecino.

- *Cocina italiana*

    La pasta es el símbolo de la cocina italiana; las hay de todas las formas frescas o secas: *capellini*, *penne*, *fusilli*, espagueti, *tagliatelle*, para sopas, o rellenas y para combinar con salsas, sobre todo de tomate: *tortellinis* y raviolis, lasañas, ñoquis. Las pizzas, base fina de masa de pan sobre la que van diversos ingredientes y opciones. Los *antipasti* son un equivalente a los aperitivos españoles. Las sopas o *minestras* con pasta y verduras. Los *risottos,* arroz en que el caldo se añade poco a poco y se terminan con mantequilla y queso rallado. La polenta, masa a base de harina de maíz (como guarnición de varios platos). Como carnes: el osobuco, el *saltimboca,* la *porchetta* rellena, el escalope milanesa. Quesos como el gorgonzola, el parmesano, la mozarella y el mascarpone. Postres y dulces: los panetones, el tiramisú y los helados italianos. Y licores tan conocidos como los vermús y la *grappa.*

- *Cocina portuguesa*

    Utiliza hierbas aromáticas frescas, elaboraciones a base de pescado, sobre todo bacalao, sopas y postres muy dulces. El caldo verde, con col y patata y guarnición de salchichón o jamón ahumado, *caldeirada* de pescados, bacalao, bistec a la portuguesa. Bebidas como el oporto y el madeira, *vinho verde* que se sirve muy fresco, y el moscatel de Setúbal, uno de los mejores del mundo.

- *Otras cocinas europeas*

  — Grecia

    Emplea ingredientes propios de la dieta mediterránea: aceite de oliva, olivas sobre todo negras, vino, trigo, ensaladas, queso feta, pescados frescos, cefalópodos como calamares y pulpos. El *mezze* es un conjunto de varios platos como aperitivo o comida con de pan pita y como bebida el *ouzo* (licor a base de uvas maduradas y anís). Ensalada griega, *taramosalata*, mezcla cremosa y de color rosa de huevas de pescado con zumo de limón, cebollas, ajo y aceitunas, que se sirve en todos los *mezze*. La musaka, a base de capas de berenjena.

  — Europa central

    Sus cocinas se caracterizan por sopas consistentes, mucha carne y embutidos, pescados ahumados y como bebida, la cerveza.

    - **Alemania:** salchichas, con muchas variedades (Frankfurt, Bockwurst, Weisswurst o las Viena), acompañadas con puré de patatas y mostaza. El *ragout* de cuatro carnes (ternera, cerdo, cordero y vaca) y los codillos acompañados con puré de patatas y con chucrut (col fermentada con un característico sabor agrio). Como bebidas, variedad de cervezas, de fama internacional, se beben tibias y en grandes jarras; y vinos del Mosela y del Rin.

    - **Austria, Hungría:** el *gulash*, estofado de carne de vacuno; la *col*, cruda en ensaladas, marinada, hervida o en chucrut. Postres: el Strudel de manzana, el pastel Selva Negra de chocolate.

  — Cocina anglosajona: Reino Unido

    Desayuno copioso o *breakfast* (huevos con beicon, salchichas, *beans*), y multitud de pasteles y *pies* (tartas) de frutas y frutos secos, lácteos...; en Escocia, el *porridge* (gachas o crema caliente de leche y avena). Variedad de sándwiches. Entre los productos cárnicos, el beicon, *el beef steak* (bistec), el *roast beef,* y salsas comercializadas como las agridulces *chutney,* Worcestershire o Cumberland, a las que hay que sumar los *currys* y la mostaza inglesa. Es muy popular el *fish and chips* (pescado empanado y patatas fritas) y el salmón de Escocia comercializado principalmente ahumado. Mermeladas de naranja amarga, de frutas del bosque. Quesos como el *cheddar,* el azul de Stilton, el Gloucester.

Como bebida el té, con pastas y pastelillos compactos, la cerveza, con muchas variedades (*ale, bitter, stingo, stout...*) y el *whisky* escocés.

— Países nórdicos

- Países Bajos

En Bélgica son muy populares los mejillones y *frittes* (patatas fritas), carbonada flamenca (guiso de carne con cebolla y cerveza negra) y quesos como el *gouda,* o el *edam* (bola amarilla o roja). La cerveza es la bebida nacional.

- Islandia y Noruega

Destacan por sus ahumados y salazones. Los salmones, bacalao skrei, gambas o arenque noruegos o de Islandia son garantía de calidad. Y carnes de cordero y caza como reno, ciervo y perdiz.

— Europa del Este

- Rusia

Variedad de sopas consistentes, con los ingredientes en trozos, como la *borscht* (repollo, tomate y remolacha); el *coulibiac* (empanada rectangular rellena), el caviar negro, los *blinis* (*crêpes*), la nata agria como aderezo del caviar y de ensaladas como la *olivié* (ensaladilla rusa sin atún ni aceitunas), el filete *strogonoff* (en trozos con salsa de nata). La bebida más popular es el vodka.

- Bulgaria

Sopas como la *tarator* que es fría con pepino y yogur búlgaro; ensaladas con queso.

- Rumanía

Variedad de sopas *ciorbas;* los *mici,* rollitos de tres carnes a la brasa, *sarmala,* carne picada envuelta en hojas de col; *mandiga,* similar a la polenta italiana.

1.2.3. Otros platos del mundo

- *Platos de la cocina americana*

— Norteamérica

Estados Unidos (EE. UU.)

Es el país que popularizó el perrito caliente y las hamburguesas, pero también tiene platos como: estofado de venado; col de Kansas con nata; suflé de maíz de Kansas; tortilla de aguacate y aceituna; *scrapple* (pastel de carne y harina de maíz); pote de pimientos de Filadelfia; estofado de Kentucky, llamado también *burgoo* (guiso con varias carnes); las Boston *baked beans,* alubias con cerdo salado, melaza, tomate y mostaza; *clam chowde,* al estilo de Manhattan o al de Boston, que es una sopa espesa de almejas con patatas, leche y nata (la de Manhattan lleva tomates). Postres: pastel de zanahoria, pudin de manzana, y jarabe de arce, la famosa *pecan pie* (tarta de pecanas[12]). Bebidas: vinos de California; cerveza; *whisky* de Kentucky y de Tennessee.

— Centroamérica

Tras el Descubrimiento, los españoles introdujeron el arroz, el trigo, la vid, el aceite de oliva, los melocotones, las naranjas, la cría del cerdo, el ganado vacuno, la cría de ovejas y cabras y además la fritura como técnica de cocinado, ya que hasta entonces solo se empleaba la cocción con agua (hervido) o a la brasa.

La cocina oriunda utilizaba el maíz, el tomate, los aguacates, judías verdes frescas y secas, pavo (llamado guajolote), piña, alubias, cacao, vainilla y sobre todo los chiles, dulces y picantes; con ellos se elaboran salsas muy picantes como el tabasco.

— México

La gastronomía mexicana está muy reconocida. Abundan preparaciones con base de maíz, alubias y arroz.

Con harina de maíz se hacen tortillas , las rellenas son los burritos, también tacos y fajitas que se rellenan; los nachos, masa seca de maíz cortada en triángulos. Y preparaciones como guacamole, enchiladas, tamales, cochinita pibil, mole (salsa), frijoles refritos (alubias negras). Las mazorcas de maíz se cuecen enteras y se utilizan como guarnición.

— Sudamérica

Hay empleo abundante del picante (guindilla) como condimento que en muchos lugares se sigue llamando ají, como en época precolombina.

- **Argentina** destaca por sus carnes a la parrilla, los churrascos; carbonadas, guisos de carne a fuego lento. Son famosas las empanadas, muy variadas; quesos como el tafí y postres como el dulce de leche.

---

[12] La pecana es un tipo de nuez americana, de cáscara lisa y alargada y la nuez con tonalidad marrón.

- **Bolivia** junto con Perú es el país originario de la patata, donde hay más de trescientas variedades; sopas muy especiadas y frituras. Destacan el guiso de repollo y el conejo estirado, donde se estira la carne para que resulte más fino.

- **Brasil,** platos de influencia portuguesa y además harina de mandioca, el café, el cacao, el cacahuete, la batata, la banana, el coco y el aceite de palma. Platos como el churrasco, las frituras de marisco, las alubias rojas mezcladas con maíz; y la *feijoada,* con varias carnes secas mezcladas con judías negras.

- **Chile**: estofados de carne con legumbres. Abundantes pescados y mariscos que se cocinan con cebolla y pimiento. Famosas empanadas, y los chupes (sopas de mariscos, de pollo).

- **Colombia**: guisos como el sancocho (carne o pescado con mandioca y bananas verdes) o el ajiaco (carne con maíz, patatas y aguacate). Las tortas de maíz; empanadas. Es famoso el café de Colombia.

- **Perú** destaca por los cebiches, pescados crudos cortados en trozos y marinados en zumo de lima o limón; los chupes (sopas de camarones o pollo), más ligeros que los chilenos.

- **Venezuela**: platos con carnes de vacuno y alubias rojas mezcladas con maíz y arroz, y todo acompañado por arepas (tortitas de maíz).

- *Platos de la cocina del Magreb*

  Emplean verduras variadas y legumbres, sobre todo el garbanzo. Las carnes suelen ser aves (pollo, palomo) o cordero o carne de vaca (no se consume cerdo por precepto religioso[13]). El cuscús, plato típico de Marruecos, se elabora a base de sémola de trigo en las cuscuseras y es acompañamiento de guisos de cordero o pollo; la *harissa* (salsa-puré de pimientos rojos secos picantes) también acompaña guisos. Los pinchos morunos y los tajines (el tajín es una cazuela con tapa cónica donde el guiso se cuece al vapor y se sirve al comensal en el mismo tajín), todo con abundantes hierbas y especias; la mezcla de varias especias se comercializa con el nombre de *ras el hanout.*

- *Platos de la cocina asiática*

  — **China**. Se cocina salteando en el wok[14] los alimentos cortados en trozos pequeños. Hay productos como los huevos de los cien años (huevos de pata salados), los *shiitake* (champiñones negros), los brotes de

---

[13] Algo que hay que tener en cuenta en el restaurante si se presentan clientes musulmanes.

[14] Recipiente de fondo cóncavo, especie de parisién, pero con mango a un lado y asa al otro.

bambú, la col china, los fideos de arroz o la salsa de soja, y frutas como los lichis, mangos y papayas. Hay sopas famosas como la de nido de golondrinas y la de aleta de tiburón. El *chop-suey,* (revuelto de carnes, verduras y brotes servido con arroz blanco), el cerdo agridulce, rollitos primavera y el pollo con almendras. Como postre destaca el flan chino. Entre las bebidas las más conocidas son el té chino y un tipo de aguardiente llamado *baijiu.*

— **Japón.** Hay una creciente influencia de la cocina japonesa o *niponización* en todas las cocinas occidentales: el *sashimi* y el *sushi,* a base de algas, arroz y pescado crudo. Se aprecian el atún, el bonito, las doradas, las sepias y el *fugu,* que requiere una especial destreza del cocinero (años de experiencia para extraer la parte comestible, ya que el resto es venenoso). En las frituras se emplean mezclas de aceites en dosis muy estudiadas y la tempura como rebozado para los fritos. Las bebidas más consumidas son el té, la cerveza y el sake (licor de arroz).

— **India y Pakistán.** La base es el arroz como acompañamiento de legumbres o preparaciones con arroz *basmati.* El *curry* es una mezcla de especias como condimento (pollo al *curry*). El *chutney* es una salsa agridulce a base de diversas frutas y especias. La mayoría de las elaboraciones son muy picantes y especiadas. Entre los postres es habitual el yogur, frutas secas y pasteles de pasas, almendras y sémolas. El té es la bebida nacional.

— **Turquía.** El *döner kebab* es carne picada de cordero o ternera (o mezcla de ambas) prensada sobre un torno vertical de donde se lonchea para servir. El arroz *pilaw...* Como bebidas, el *ayran* (yogur batido con agua y un poco salado) y alcohólica el *raky,* bebida anisada cuyo servicio incluye dos vasos, uno para el *raky* con algo de agua helada, y otro con agua fresca, para que el cliente los alterne.

— **Siria y Líbano.** Se emplea un ingrediente típico que es el *tahini* (pasta de semillas de sésamo tostado) y que se comercializa envasada. El yogur se utiliza frecuentemente en el recetario de platos excepto en los de pescado. Para pastelería y postres emplean frutos secos, pistachos, almendras o nueces.

— **Israel.** Entre los judíos, las reglas del *kashrut* imponen normas dietéticas y reglas muy estrictas; practican la dieta *kosher,* es decir, a base de alimentos *puros* (entre los pescados son puros los que tienen aletas y escamas; entre las carnes, las de cuadrúpedos rumiantes y con pezuña hendida. Es impuro comer en un mismo menú carnes y leche o derivados...).

Como consecuencia, se limitan los alimentos, pero se desarrolla un enorme recetario: falafel, pastelillos tradicionales a base de garbanzos, carpa a la judía, el cordero[15]; y por su trascendencia cultural, destaca el gran plato familiar, la *adafina* (un cocido con legumbres, verduras y carnes), que se va haciendo solo durante la noche del viernes para cumplir el precepto de no trabajar en *sabbat*. Este plato es el origen de los cocidos españoles de dos o tres vuelcos[16].

> *La cocina occidental está influenciada por Francia y ahora España, pero hay una tendencia a la niponización, y la globalización alcanza a los platos de mestizaje o de fusión (mezclas de recetario e ingredientes de distintas geografías).*

1.3. La comanda: concepto, tipos, características, función y circuito

1.3.1. Concepto

La palabra *comanda* tiene su origen en el verbo francés *commander* que se puede traducir como 'requerir, pedir'. Es un vale de recorrido interno en el que el *maître* (también el jefe de rango o el camarero, según el establecimiento) anota lo que van a consumir los clientes en un **vale de pedido** autocopiable por triplicado o por duplicado. O si se hace con **comandero electrónico,** una vez enviada a la TPV, saldrán impresos los pedidos en las distintas zonas de elaboración (cocina, barra...).

La **persona que toma la comanda** (*maître,* segundo *maître,* sumiller...) depende de la composición de la brigada de comedor y del tipo de comanda que se realice. Si es una comanda de menú o carta, pueden hacerlo el *maître* o segundo *maître,* pero suele ser el **jefe de sector o rango** el encargado de tomar la comanda.

Si se trata de una comanda de vinos, aguas, licores u otras bebidas, el encargado de tomar la comanda es el **sumiller.** Y si se trata de una comanda de *room-service*, quien se encarga es el **servicio de habitaciones** que puede pedir la colaboración del departamento de pisos.

---

[15] Cumple a la perfección la norma religiosa. Es cuadrúpedo, come hierba y tiene la pezuña hendida. Además, por cultura, es la carne nacional (el codero pascual...).

[16] La adafina es un plato de varios vuelcos que se cocinan en una sola preparación: legumbres, verduras, carnes, pelota, huevo...

En el restaurante, cuando los clientes ya están sentados en su mesa, el *maître* o responsable de la mesa **entrega la carta** por su derecha a cada comensal, abriéndola para facilitar su lectura. Suele mencionar los productos más interesantes (marketing de venta) e indica, si la hubiera, la baja de algún plato.

Luego **se retira** para dejarles decidir, pero se mantiene próximo a su vista por si precisan alguna aclaración, o para indicarle que ya han elegido. Entonces **se acerca** a la mesa para tomar la comanda.

Anota los pedidos de cada cliente, según un protocolo establecido, y por triplicado o por duplicado (los blocs o libretas de comanda tienen papel autocopiable).

De las **tres copias,** la original, sellada por facturación, va a cocina, la primera copia se la queda el cajero-facturista[17] para hacer la cuenta de los clientes, y la segunda copia es con la que se queda el camarero para realizar el servicio coordinándose con cocina.

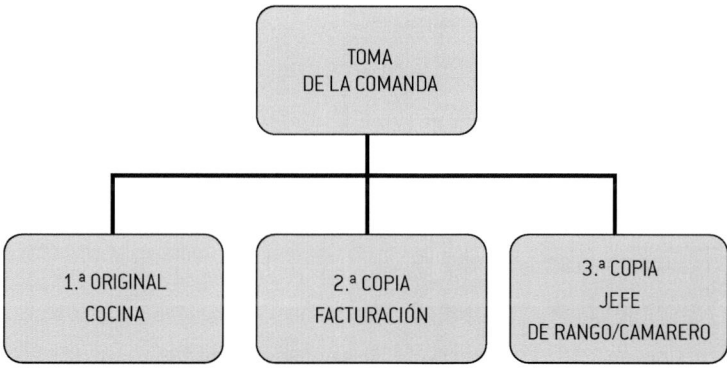

Figura 1.6. Comanda con tres copias.

Comandas con **dos copias:** está desapareciendo en muchos establecimientos la figura del cajero-facturista y por ello se trabaja con comandas dobles. En este caso, la original va a cocina y la copia se la queda el camarero para seguir el ritmo del servicio y para poder facturar.

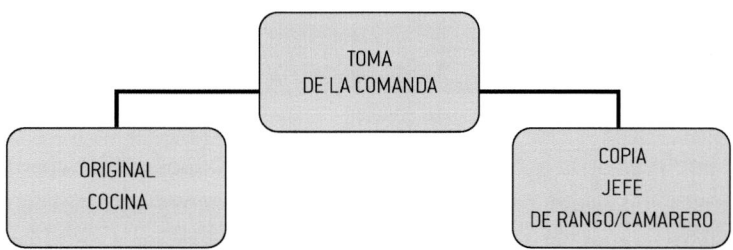

Figura 1.7. Comanda con dos copias.

---

[17] Este sistema evita que nunca salga de la cocina algo que no se cobre.

Se emplea habitualmente para la comanda de postres y para la comanda de bebidas.

Comandas con **cuatro copias:** se usa en servicios de parrilla. La original va a facturación, la segunda a cocina, la tercera a parrilla y la cuarta es para el camarero. Este sistema tradicional de comanda se mantiene en muchos establecimientos, sobre todo en los de alta gama. En locales modernos, temáticos, se utiliza más el comandero electrónico.

1.3.2. Tipos de comandas

- **Según el servicio** que pida el cliente, y el departamento donde lo solicite, hay diferentes tipos de comandas si el establecimiento tiene esas ofertas:
  - **Departamento de cafetería:**
    - Comandas en sala: desayunos, comidas rápidas, bebidas, cafés, bollería, tostadas, canapés, tapas...
    - Comandas en terraza: la misma oferta que en el interior.
  - **Departamento de restaurante,** incluido el de hotel:
    - Comandas de menú, carta, menú-carta.
    - Comanda de postres.
    - Comanda de grupos.
    - Comanda de desayunos.
    - Comanda de vinos, aguas, licores y bebidas en general.
    - Comandas provisionales y definitivas.
    - Comandas de de reparto a domicilio (*delivery*).
  - **Departamento de pisos,** en los hoteles con *room service:*
    - Comanda de desayunos: es la más habitual.
    - Comanda de almuerzos.
    - Comanda de cenas.
    - Comanda de servicios especiales: frutas, botellas de cava...
- **Según la forma de tomar la comanda:**
  - **Simple:** es en la que se anotan los platos solicitados por los clientes de la mesa con la cantidad de raciones anotadas a la izquierda del nombre del plato. Es menos práctica que la numerada, pues obliga a un esfuerzo memorístico del personal y puede provocar problemas de comunicación[18].

---

[18] Es mejor emplear este tipo de comanda solo para cafés, bebidas, licores.

MESA n.º 8__	N.º comensales 5_	Fecha 05-03-24 Hora: *14:20*	Hab. *paso*
	Camarero/a: *Cristina A.*		

		Menú
II	*ENSALADA MIXTA*	
I	*CREMA DE CIGALAS*	
I	*PASTEL DE CABRACHO*	
I	*LASAÑA*	

I	*BACALAO A LA VIZCAÍNA*	
I	*ESCALOPINES AL CABRALES*	
I	*POLLO CHILINDRÓN*	
II	*HUEVOS ROTOS C/ LANGOSTINOS*	

I	*AGUA GRANDE*	
I	*RIOJA COSECHERO*	
		1324

Figura 1.8. Comanda simple.

— **Numerada.** Se anota lo mismo que en la simple, y también se apunta qué comensales tomarán cada plato. Se hace con una numeración correlativa adjudicada previamente a cada puesto de comensal.

MESA n.º 9__	N.º comensales 5_	Fecha 05-03-24 Hora: *14:20*	Hab. *Paso*
CANTIDAD	Camarero/a: *Juan B.*		COMENSAL

CANTIDAD	Menú	COMENSAL
II	*ENSALADA MIXTA*	*1, 5*
I	*CREMA DE CIGALAS*	*3*
I	*PASTEL DE CABRACHO*	*2*
I	*LASAÑA*	*4*

I	*BACALAO A LA VIZCAÍNA*	*2*
I	*ESCALOPINES CABRALES*	*1*
I	*POLLO CHILINDRÓN*	*3*
II	*HUEVOS ROTOS C/ LANGOSTINOS*	*4, 5*

I	*AGUA GRANDE*	
I	*RIOJA COSECHERO*	
		2337

Figura 1.9. Comanda numerada.

Actuaciones recomendables en la toma de comanda:

- Interesa **reflejar la hora** de toma de comanda para agilizar el orden de pases en cocina y evitar retrasos por malentendidos; si se anota, queda registrada la hora de la petición. Pero esta anotación no suele aparecer en los comanderos al uso, sería una incorporación muy positiva. Aparece ya en los comanderos electrónicos.

- Es conveniente escribir la comanda con **letras mayúsculas** porque facilitan la lectura (las minúsculas resultan ilegibles en algunos casos).

- En la hostelería actual, se tiende a la toma de **comanda de bebidas** en la misma comanda de comidas y se ofrece un aperitivo de la casa para dar tiempo a la cocina a elaborar los platos pedidos. La comanda individualizada de bebidas se mantiene en la alta restauración, donde el tiempo que necesita cocina, se cubre con ese tiempo dedicado a la elección y comanda de vinos y bebidas.

  — Ambas comandas, menú y carta, pueden aparecer **combinadas**, según las peticiones de los clientes:

MESA n.º *10*__	N.º comensales *5*_	Fecha *05-03-24* Hora: *14:10*	Hab. *214*
CANTIDAD	Camarero/a: *Carlos F.*		COMENSAL

		Menú/Carta*	
II	*ENSALADA MIXTA*		*1,3*
I	*AGUACATES RELLENOS C/GAMBAS**		*2*
I	*SOPA DE MARISCO**		*4*
I	*LASAÑA*		*5*

I	*PASTEL DE MERLUZA*		*2*
I	*SOLOMILLO C/REDUCCIÓN PX**		*4*
I	*PALETILLA DE CORDERO**		*1*
II	*HUEVOS ROTOS C/LANGOSTINOS*		*3,5*

I	*AGUA GRANDE*		
I	*RIOJA COSECHERO*		
		3364	

Figura 1.10. Comanda combinada.

- **Otros tipos o variaciones de la comanda**

  Durante el servicio, puede surgir alguna situación que haga variar la comanda que ya ha iniciado su recorrido, y se encuentra ya en facturación y en cocina. Se pueden dar dos tipos de variación:

— *Suite* o sigue:

Esta variación significa que *sigue* el pedido inicial y se especifica en la parte superior de la comanda con la palabra *suite.* Se produce:

a) Cuando se incorpora un nuevo cliente a la misma mesa ya comandada, y se toma nueva comanda completa (menú o carta) para este comensal con los tiempos de pase marcados igual que en la comanda anterior de la mesa.

b) Cuando, realizada ya la comanda, un cliente pide un nuevo plato y se le toma comanda de esa nueva petición.

— *Retour* (lo devuelve solamente) o cambio y *en place* (cuando lo cambia por otro):

Esta variación significa *devolución* y ocurre cuando un cliente devuelve un plato. Si lo cambia por otro, se especifica en una nueva comanda, con los mismos datos que la primera (mesa, comensales, fecha, etc.), pero con la palabra *retour* escrita en la parte superior y anotando el plato o platos que se devuelven; debajo se escribe *en place* y el nombre de plato o platos nuevos que se solicitan.

Por ejemplo, un cambio de un plato de aguacates rellenos por un plato de cogollos de Tudela con anchoas.

Si se trata de una devolución sin cambio, solo se anota el plato de *retour.*

Es muy importante anotar correctamente las variaciones para evitar confusiones en la facturación.

Las comandas de *suite, retour, en place* tienen prioridad en el pase respecto a comandas de otras mesas. Mantienen el horario y los tiempos de la primera comanda tomada a esa mesa.

MESA n.º *10__*	N.º comensales *5_*	Fecha *05-03-24* Hora: *14:10*	Hab. *214*
CANTIDAD	Camarero/a: *Carlos F.*		COMENSAL
	Menú/Carta* RETOUR ----------------		
I	*AGUACATES RELLENOS C/GAMBAS**		2
	---------------- EN PLACE ----------------		
I	*COGOLLOS DE TUDELA CON ANCHOAS*		2
	3364		

Figura 1.11. Comanda de devolución o *retour.*

1.3.3. Las características de la comanda

El soporte físico de la comanda se llama *comandero* que se coloca en el porta-comandero, tipo de carpetilla rígida. El comandero se recambia cada vez que se agoten sus hojas y debe tener unas características:

- **Manejabilidad**: tamaño y peso adecuado, portabilidad por quien toma la comanda, soporte cómodo para escribir *en el aire*. Si es manual, con triple hoja de calco por comanda; si es electrónico, con aplicación necesaria para enviar copia a cocina y TPV.

Figura 1.12. Comandero tradicional y copias.

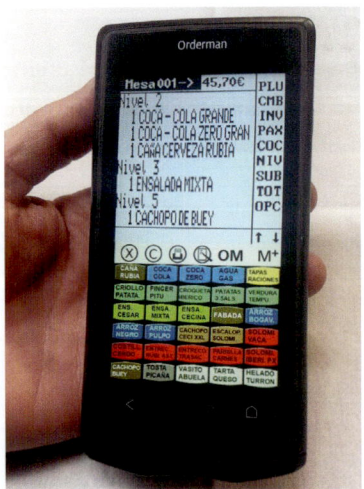

Figura 1.13. Comandero digital.

- **Tipografías impresas**: las comandas pueden estar impresas de antemano con las siguientes indicaciones:

- **Numeración**: el bloc de comandas puede estar previamente numerado en la parte inferior derecha y de forma correlativa.

- **Datos para rellenar**: el número de mesa, la fecha y la hora[19], el número de comensales o cubiertos, el código del camarero o su nombre y el número de habitación, si se trata del restaurante de un hotel en que esté alojado el cliente; si es un cliente de paso, se señala en el espacio correspondiente. Estos datos pueden estar impresos en la parte superior de la comanda, con los espacios necesarios para que los rellene el camarero.

  Actualmente incluso existen comanderos con los dibujos de mesas y numeración de posibles comensales en la parte superior. Así solo hay que señalar sobre la impresión correspondiente.

- **Carta/menú**: pueden estar impresas las dos opciones y se pone una señal en las demandas; si no están impresas, se anota manualmente.

- **Firma**: espacio para la firma de la persona que tome la comanda.

- **Tiempos** de servicio o tiempo de pase. Se señala con una raya horizontal el momento del pase de los platos solicitados. Puede estar impresa y, si no es así, hay que ponerla a mano al tomar la comanda. Un menú de **tres platos**, primero, segundo y postre, tiene **tres tiempos de pase**.

- **Platos numerados o codificados**: en algunos establecimientos figuran los platos con unas numeraciones, códigos o reseñas. La comanda puede estar adaptada a ese formulario y/o, en vez de escribir el nombre del plato, se pone su número o código. Ejemplo, en los platos combinados: el n.º 10, el n.º 14...

1.3.4. Función de la comanda

La comanda es un documento muy práctico y necesario en cualquier establecimiento de hostelería. El formato de la comanda puede variar, pero es necesario que exista un soporte escrito, manual o informatizado, que refleje claramente el pedido que efectúa el cliente.

- Por un lado, es la **nota de pedido** de los clientes: permite saber el destino final (pedidos de los clientes) de las mercancías existentes en la empresa.

- Por otro lado, permite librar la correspondiente **factura al cliente** y controlar las salidas de géneros.

---

[19] La mayoría de los comanderos no traen espacio para este dato, pero sería muy práctico animar a los camareros a anotar la hora exacta de cada comanda.

- Es un **documento de información** para el establecimiento:
  - Con el documento escrito se pueden solucionar malentendidos con el cliente sobre su pedido.
  - Se detectan posibles pérdidas de géneros.
  - Permite atender las mesas por riguroso orden de llegada.
  - Permite saber qué ha pedido cada cliente sin tener que preguntar repetidamente.
  - Se puede cumplimentar la correspondiente factura evitando olvidos.
  - Quedan registradas las tendencias de consumo, la frecuencia de los clientes, los calendarios y horarios de ocupación, etcétera.

1.3.5. Circuito de la comanda

- El momento de la toma de comanda:
  - Se realiza cuando parece que los clientes ya han decidido: por el tiempo que llevan observando la carta, porque la cierran y la apoyan en la mesa, porque se observa que buscan a alguna persona de sala con su mirada... o porque llamen directamente al personal de sala que esté próximo.
  - Es el momento de acercarse a la mesa y proceder a la toma de la comanda.
  - El *maître* debe esperar la decisión de los clientes y nunca intervendrá en la elección de los platos y bebidas. Su función es solo aconsejar si el cliente lo precisa.
- **El recorrido de la comanda:** desde el momento en que se toma la comanda a los comensales de una mesa, según el protocolo preestablecido, la anotación del camarero en su comandero quedará reflejada por **triplicado/duplicado**. Cada una de esas copias sigue un recorrido (ver figuras 1.6 y 1.7).

1.4. Procedimiento para la toma de la comanda estándar e informatizada

1.4.1. La comanda estándar

Para la toma de la comanda se siguen unos pasos necesarios en la calidad en atención y servicio al cliente. Un procedimiento estandarizado y conocido por todo el equipo evita olvidos y errores. Cuando el cliente ya ha visto la carta y hecho su elección, comienza el procedimiento de toma de comanda:

- El **protocolo** de la toma de comanda indica comenzar por las señoras de más edad o categoría, en segundo lugar se toma la comanda a los varones con el mismo criterio de precedencias y, en ambos casos, dejando a la anfitriona o anfitrión, si lo hay, para el final.

- Una vez sentados los clientes, **se enumeran** según un orden preestablecido a criterio del *maître* (según la disposición de mesas, orientación de puertas y ventanas, planificación de la sala, etc.) y que conocen todos los miembros de la brigada (el n.º 1 puede ser el comensal que esté próximo a la ventana, frente a la puerta...). El criterio establecido debe mantenerse durante todo el servicio. El resto de comensales se enumeran correlativamente y en el sentido que marque el establecimiento, por ejemplo:

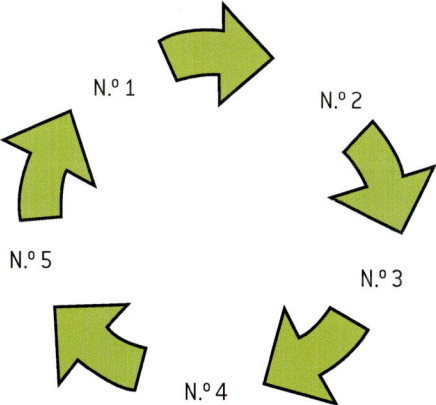

Figura 1.14. Numeración de clientes de una mesa para realizar el servicio.

La **numeración no** tiene por qué coincidir con el orden de prioridad en el servicio: el número uno puede ser el tercero en recibir el servicio y el número cuatro puede ser el primero por ser la señora de más edad.

- Se anotan los platos que el cliente pida y cualquier sugerencia e indicación. Se debe avisar a cocina de las indicaciones que no se pueden reflejar en facturación, por ejemplo: *sin salsa*, *otra guarnición, sin nata*. Solo se anota el nombre completo del plato cuando lo pida el primer cliente; si alguno más coincide se va anotando en la columna correspondiente de la comanda el número de comensales que eligen el mismo plato.

- Los nombres algo largos de algunas preparaciones requieren **abreviatura** por sentido práctico, y generalmente ya están establecidas y deben resultar legibles. También se utilizan **signos** para concretar las peticiones o gustos de los clientes. Ejemplo de punto de cocción del chuletón de buey:

Muy poco hecho	Poco hecho	Al punto	Hecho	Muy hecho
- -	-	•	+	+ +

Figura 1.15. Signos empleados para el *punto* de la carne.

(- -) Muy poco hecho: casi crudo, sangrante; se trata de adquirir temperatura y presentarlo con una costra.

(-) Poco hecho: sonrojado y sangrante al corte.

• Al punto: sonrojado pero no sangrante al corte.

(+) Hecho: con su jugo, no sonrojado.

(+ +) Muy hecho: no sonrojado, demasiado seco.

• Para la toma de la comanda, se utiliza la carta de uno de los clientes como base de apoyo[20], y si al cliente hay que indicarle algún plato sobre la carta, se señala con el bolígrafo y nunca con el dedo.

• Una vez terminada la toma de comanda en la mesa, el camarero canta los platos en la cocina, a la voz de ENTRA la mesa X con X comensales que EMPIEZA con...; si tiene más de una entrada continúa con la palabra SIGUE, y cuando cante los segundos platos, se emplea la palabra TERMINA. La **carta de postres** se presenta después de desbarasar los segundos platos y retirar el pan. En algunos establecimientos, los postres, debido a su elaboración, se piden al principio, al pedir los primeros o segundos platos.

• Los grupos de platos se separan mediante una **raya horizontal** que indica el momento del pase, es decir, el orden en el servicio. Se anotan los primeros platos, se hace la raya y se anotan debajo los segundos platos.

• Una vez tomada la comanda de comidas, el sumiller será la persona encargada de entregar la **carta de bebidas** a los clientes y asesorar, si ellos se lo piden, acerca de la bebida más adecuada con los platos solicitados, es decir el **maridaje.** El sumiller debe describir el vino, pero midiendo las recomendaciones[21]. Toma la comanda de bebidas elegidas con el nombre de la bebida

---

[20] No hay que apoyarse en la mesa para tomar la comanda; el cuerpo ha de mantenerse erguido y a una distancia prudencial de respeto, pero que permita el diálogo con el cliente (más o menos a unos 30 cm de la mesa).

[21] A veces estos consejos pueden poner al profesional en un aprieto, pues el vino recomendado según el gusto del sumiller puede no gustarle al cliente y puede manifestar su insatisfacción.

o un código e indicando la cantidad pedida. En caso de no existir la figura de sumiller, es el *maître* el encargado de realizar esta función. Se hace por **duplicado**; el original va a facturación y la copia al camarero.

- Terminados y desbarasados los postres, se toma la comanda de **cafés** y **licores** por **duplicado** con original a facturación y copia al camarero.

1.4.2. La mecánica de otros tipos de comandas

- Comanda de *room service:*

  Es la que realiza el cliente del hotel en su propia habitación mediante el documento impreso que está en la habitación o por petición telefónica a recepción. El *room service* o servicio de habitaciones está a disposición del cliente, en algunos casos, las 24 horas del día y en otros con un horario limitado vinculado al de cocina.

- Comanda del bar-cafetería:

  Se realiza la comanda por duplicado: el original para barra para la preparación de las bebidas (cafés, zumos…) y otra en cocina para las elaboraciones (plancha, sándwiches, tostadas…). En ocasiones estas elaboraciones se realizan detrás de la barra.

1.4.3. El final del circuito

Al finalizar el servicio, la copia entregada en facturación sirve para emitir la factura o nota de pago al cliente.

El camarero comprueba[22] con su copia que no hay error y lleva la nota al cliente.

Al realizar el arqueo de caja, **las comandas deben coincidir con las cantidades facturadas.**

Las referencias económicas proporcionadas por la comanda, las ventas, pasan al sistema contable y financiero del establecimiento.

1.4.4. La comanda informatizada

El proceso de toma de comanda con medios informáticos ofrece unas ventajas evidentes, sobre todo en aquellos establecimientos donde hay mucha distancia entre sala y cocina: sidrerías, establecimientos con varios comedores, locales de gran tamaño…

---

[22] Pudo haber algún cambio, *suite* o *retour,* o algún olvido involuntario.

Es necesaria una instalación de **infraestructura** informática básica:

- Un comandero electrónico, terminal con una pantalla en la que se localiza la oferta del restaurante, se pulsa el pedido del cliente en la pantalla, se da la orden y automáticamente se registra la comanda en facturación y cocina.

- Una impresora de control remoto en cocina por donde salgan las comandas realizadas.

- Los comanderos han de ser resistentes y de fácil manejo. Funcionan con baterías que cubren varias horas de trabajo.

Se suelen codificar o numerar los platos para registrar el pedido, por ejemplo: el 7, pastel de cabracho; el 135, pollo al ajillo...

Ventajas:

- Con el registro automático todas las comandas quedan archivadas en el ordenador. Facilita desde la facturación, registros de ventas y de *stocks,* control de compras, hasta la rotación de cualquier género. Almacena datos de manera fiable.

- Ahorra mucho tiempo de movimiento del camarero: porque la anotación es rápida y porque no tiene que llevar comanda a facturación ni a cocina.

- Facilita la venta: el camarero se queda en sala (no necesita desplazarse para cumplir su cometido) atendiendo a los clientes, realizando un mejor servicio y vendiendo.

- Aporta un plus de modernidad del establecimiento ante los clientes.

- Actualización en los métodos de trabajo. La inteligencia artificial (IA) mejora la eficiencia y la gestión del negocio.

Inconvenientes:

- Averías: rotura, pérdida...

- Falta de preparación del personal para usarlo.

- En casos en los que se necesite un equipo amplio y potente, puede resultar una inversión elevada.

- En la restauración clásica, se evita, precisamente para potenciar las figuras del *maître* y sumiller.

> *La comanda es el soporte físico que enlaza las peticiones y/o necesidades de los clientes con los diferentes departamentos para la elaboración, servicio y cobro de sus pedidos.*

1.5. Tipos de servicio en la restauración

En la cocina se realizan las elaboraciones, pero en el momento del pase, ya es el equipo de sala, el camarero, el único responsable de que llegue a la mesa del cliente.

Es importante aclarar qué se entiende por **servicio,** pues se puede referir a:

- El servicio de la oferta gastronómica del establecimiento: servicio de menú, servicio de carta...

- El servicio según la manera de transportar la comida a la mesa: servicio emplatado, servicio a la inglesa...

Ese **transporte** desde la cocina a sala de las elaboraciones solicitadas por los clientes tiene un procedimiento, según el tipo de servicio que se elija.

Existen **cinco tipos de servicio** diferentes con sus características y atenciones que todo camarero debe conocer y dominar, aunque algunos se emplean con mayor frecuencia por sentido práctico, rapidez, tipo de comida o celebración. En algunas publicaciones en vez de cinco tipos de servicio se mencionan **cuatro;** esto es porque se engloban en el mismo tipo el servicio en gueridón y el servicio a la rusa, debido a su similitud.

Para elegir el tipo de servicio con el que se trabaja en cada ocasión, el *maître* y/o la dirección del establecimiento tienen en cuenta unos factores clave:

- El tipo de local, instalaciones[23], espacios, distancias.

- Brigada de camareros disponibles y su preparación y experiencia.

- La oferta gastronómica del establecimiento, tipología de comidas. Es el factor que más condiciona el tipo de servicio; hay una diferencia entre transportar desde cocina sopas o platos de cuchara y transportar alimentos a la parrilla, cordero asado...

- El número de comensales en cada ocasión[24].

Los cinco tipos de servicio reciben unas denominaciones estandarizadas que los hacen perfectamente reconocibles en cualquier establecimiento. Son los siguientes:

- Servicio a la inglesa.

- Servicio a la francesa.

---

[23] Uno o varios comedores.

[24] Pueden combinarse los tipos de servicio según la ocasión, menú o a demanda de los clientes. Ej.: emplatado en los primeros platos y un servicio a la inglesa en los segundos platos.

- Servicio desde gueridón.
- Servicio a la rusa.
- Servicio emplatado o a la americana.

1.5.1. Servicio a la inglesa

La comida sale de la cocina en soperas, legumbreras, fuentes…, según cada elaboración, y **el camarero la sirve al cliente** desde ese recipiente al plato, por eso también se llama **«de fuente a plato»**.

Proceso:

- Antes de servirle la comida, se coloca **el plato** adecuado (sopero, trinchero…) **por la derecha** del comensal.
- El camarero para realizar el servicio necesita cazo sopero, cucharón, o pinzas (cuchara sopera y tenedor trinchero) según la elaboración.
- Sirve los alimentos desde la fuente al plato **por la izquierda** del cliente, pinzando si son sólidos, empleando el cazo de sopa si son líquidos o legumbres, o con el cucharón (cuchara grande) si son guisos, arroces…
- **Postura correcta** del camarero. Para realizar este tipo de servicio, conviene adoptar una posición adecuada:

  Pierna izquierda adelantada que soporta todo el peso del cuerpo; pie izquierdo levantado por el talón y apoyando sobre la parte delantera para ayudar a mantener el equilibrio.

Figura 1.16. Servicio a la inglesa.

— Mientras se está sirviendo al cliente, **la vista** debe estar dirigida al alimento.

— Si es desde fuente, **la pinza** no debe salir de la fuente más que en el momento de cada servicio[25].

— Es **el cuerpo** el que se inclina hacia el comensal, pero partiendo de la cadera y no de la cintura.

— El **lito** ha de estar doblado bajo la fuente para protegerse del calor, incluso se usan varios litos según el calor de la fuente, pero nunca hay que usar paños húmedos.

— Si se trata de una **fuente ovalada,** hay que mantener su borde en línea con el plato del comensal y a la mínima distancia posible para facilitar el servicio (que no tropiece con el cuerpo del comensal o quede sobre el centro de su plato).

• **Disposición de los alimentos** en la fuente: se realiza en cocina y deben mantener una disposición que permita al camarero agilidad y corrección en el servicio sin estropear la presentación.

— En el sentido del servicio: el género principal se coloca en el lado más próximo al camarero y la guarnición en la parte más alejada.

— Las porciones de género se colocan de izquierda a derecha para facilitar el servicio con las pinzas y no estropear la fuente. Por ejemplo, filetes rusos, jamón asado, pechugas Villerroy... se colocan algo montados una pieza sobre otra, de izquierda a derecha para que haya algo de desnivel entre las piezas y resulte más cómodo cogerlas por abajo. El camarero va sirviendo con las pinzas cada pieza y así se mantiene el orden de las restantes.

• **Inicio del servicio**. En el servicio a la inglesa, el camarero debe ir caminado de izquierda a derecha sirviendo por la izquierda de cada uno de los comensales. En un banquete se inicia a la orden del *maître* por la que todos los camareros empiezan a servir a la vez.

En mesas atendidas por dos camareros: mientras el de un lado comienza su servicio, el comensal del otro lado ya está viendo el plato, antes de que le llegue a él.

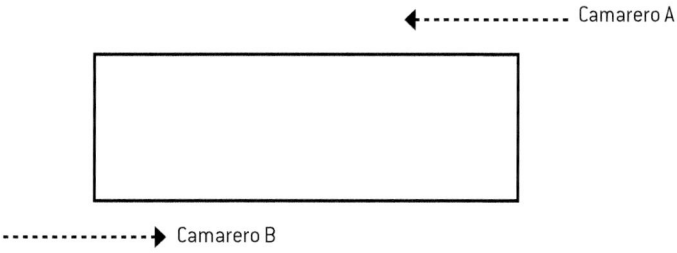

Figura 1.17. Sentido del servicio con dos camareros.

---

[25] Por ejemplo, no se debe llevar la pinza en la mano para pasar al siguiente comensal. Hay que posarla en su fuente porque se podría manchar a algún comensal con el goteo de la pinza.

Hay una única **excepción,** en la que, sirviendo dos camareros, uno camina al revés, es decir, de derecha a izquierda, y es en el servicio de la mesa presidencial de banquetes de boda (un camarero comienza el servicio por la novia y el otro por el novio).

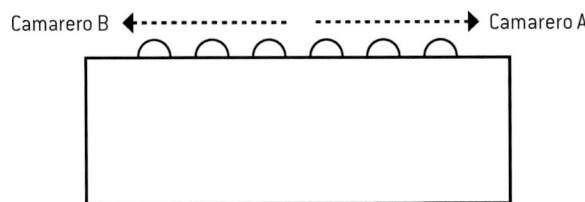

Figura 1.18. Sentido del servicio con dos camareros en mesa presidencial.

- El **servicio a la inglesa** se emplea generalmente en banquetes o menús concertados para un número importante de comensales por su **rapidez:** la distancia entre cocina y sala se salva con menos viajes. En cada viaje a la cocina el camarero transporta siete u ocho raciones por lo menos, lo que en un servicio emplatado supondría tres viajes.

- Pero es necesario contar con personal preparado, pues requiere una gran destreza por parte del camarero, ya que es **importante:**

  — Adoptar una postura correcta durante el servicio sin molestar al comensal.

  — Soportar el peso y calor de las fuentes.

  — Manejar las pinzas con habilidad y delicadeza, controlar bien las porciones... y a la vez atender las peticiones del cliente.

Ventajas:

  — Método rápido.

  — Buena presentación de los platos si lo realiza personal cualificado.

  — No hay mucha pérdida de temperatura.

  — Se precisa menos personal que en otro tipo de servicios.

  — El cliente puede indicar al camarero su elección: cantidad, pieza deseada, salsa...

Inconvenientes:

  — Dificultad para realizarlo con ciertos platos: huevos fritos, ensaladas...

  — Riesgo de manchar al cliente: caída de comida, salpicaduras, salsas...

— Puede haber pérdida de género: las fuentes deben salir abundantes, por lo que se precisa más cantidad que en el emplatado.

• **Manejo de pinzas**

Las pinzas están formadas por una cuchara sopera y un tenedor trinchero. Se emplea para el servicio a la inglesa, a la francesa, a la rusa y en gueridón, y también puede utilizarse para otros casos.

Para pinzar hay que mantener la cuchara fija entre los dedos corazón e índice, el tenedor entre

Figura 1.19. Manejo de las pinzas.

los dedos índice y pulgar, y mover el tenedor, o bien mover ambas cosas. Cuando la pinza se coloca de forma horizontal, la cuchara hace de pala y el tenedor se sitúa levantado y un poco desplazado a la derecha. Una vez que la cuchara ha entrado lo necesario debajo de la porción de alimento, se coge bien este para transportarlo de la fuente al plato. Al depositarlo en el plato, el tenedor se afloja y se retira la cuchara.

• **Posiciones de las pinzas**

— Normal: cuchara y tenedor paralelos <cóncavo con cóncavo>.

— Dando la vuelta, para panes y frutas <la cuchara cóncava, el tenedor convexo>.

— Abiertas: para servicio de pescado, evitando que rompa la pieza y usando la cuchara para salsear posteriormente.

Figura 1.20. Posturas de las pinzas.

1.5.2. Servicio a la francesa

En el servicio a la francesa, cada cliente se sirve a sí mismo.

Proceso:

- El personal de sala coloca, por la derecha del cliente, los platos vacíos en cada servicio.

- Desde la cocina salen los alimentos en fuentes, legumbreras, soperas... que se le presentan por la izquierda al cliente para que se sirva él mismo utilizando unas pinzas, cucharón o cazo de sopa según la elaboración.

- El camarero continúa pasando la fuente a cada comensal siguiendo un orden de protocolo.

  Ventajas:

  — El cliente se sirve la cantidad que desea y participa en el servicio.

  Inconvenientes:

  — Es un servicio muy lento e incómodo para el camarero.

  — Los clientes pueden no respetar las raciones y estropear las decoraciones.

  — Posibilidad de que el cliente se manche.

  — Pérdida progresiva de temperatura. Según avanza el servicio, cada comensal tendrá los alimentos más fríos que el anterior.

Este tipo de servicio está prácticamente en desuso. Permanece en algunos ambientes privados de clase social elevada.

- Sin embargo, se emplea con frecuencia una **modificación** de este tipo de servicio: el camarero coloca la fuente en el centro de la mesa, dejando las pinzas apoyadas en la fuente, y los comensales se sirven ellos mismos. Es un tipo de servicio bastante cómodo y aceptado socialmente en reuniones informales. Incluso llegan a colocarse varias fuentes en el centro de la mesa cuando los comensales piden diferentes platos para compartir. Casi se podría llamar a este tipo de servicio **a la española,** por la frecuencia con que se emplea en nuestro país para adecuar el servicio a las ofertas gastronómicas españolas como son las tapas y platos que la clientela solicita para compartir.

1.5.3. Servicio en gueridón o a la rusa

GUERIDÓN

El **gueridón** es una pequeña mesa móvil con ruedas y distintas baldas para el material necesario. En un restaurante suele haber varios distribuidos por toda la sala. Sirven para emplatar, trinchar, desespinar alimentos, y como **mesa auxiliar** para el servicio.

Con este tipo de servicio se pueden realizar diferentes tareas:

a) Elaboración **de platos fríos:** cóctel de langostinos, *steak tartare...*

b) Terminación de **platos calientes:** solomillo a la pimienta, solomillo al roquefort... En ocasiones se emplea la técnica del **flambeado.**

Figura 1.21. Gueridón.

c) **Trinchado** (carnes, frutas) y **desespinado** (pescados).

El servicio desde gueridón precisa además otros elementos y personal de apoyo como:

• **Calientaplatos:**

Aparato eléctrico destinado a mantener platos calientes en la sala, sin necesidad de ir a buscarlos a la mesa caliente de cocina. Es un armario metálico vertical de forma cilíndrica en su interior y compartimentado en pisos, donde se colocan los platos. El calor, a base de resistencias, se mantiene con un regulador de temperatura. Una puerta frontal o superior da acceso a los platos.

• **Calientafuentes:**

Especie de pequeño armario metálico que consta de varias placas superpuestas y extraíbles que se colocan dentro y se mantienen calientes para su uso. Son eléctricas con resistencias en el interior que calientan las placas. Se evita el enfriamiento de los alimentos durante el emplatado.

• **Necesidades de personal:**

Para desarrollar de forma adecuada el **servicio desde gueridón,** la variante llamada **servicio a la** rusa, y el tipo de **servicio vista al cliente** (que se hace desde gueridón), la **brigada** del establecimiento debe estar muy completa y bien formada, es decir, tener camareros que realicen las funciones de **jefe de rango y ayudante.**

Proceso:

— El ayudante transporta desde cocina los alimentos en fuentes, soperas y legumbreras, con las elaboraciones adecuadas a cada recipiente, frías o calientes.

— El jefe de rango ha realizado la *mise en place:* ha colocado ya en el gueridón los útiles y la loza necesaria (platos, pinzas, cuchillo, lito, escombreras[26]...) frente a la mesa que hay que servir.

— El jefe de rango presenta la fuente, sopera... con la comida a los clientes y procede al servicio desde el gueridón.

— Según las características del plato solicitado, el jefe de rango tiene que terminar de elaborar el plato: condimentar, racionar, desespinar, trinchar, etc. Se llamará entonces **servicio a la vista del cliente.**

Terminado el montaje de cada plato, el ayudante lo sirve por la derecha del cliente.

• **El escenario para el servicio desde gueridón:**

— El gueridón permanece colocado ante la mesa de los clientes; el jefe de rango se coloca detrás para maniobrar a la vista del cliente.

— Los platos vacíos, apilados en la parte anterior del gueridón; el lito posado a la derecha del camarero, perpendicular a la mesa y a mano para usarlo.

— El tronco del cuerpo ligeramente adelantado evitando acercar la pelvis excesivamente al borde de la mesa.

— Las piernas ligeramente abiertas a la altura de las caderas.

— Si es servicio desde fuente, se emplean: tenedor en la mano izquierda y la cuchara en la mano derecha[27]. Por eso se llama también **servicio a dos manos.**

— Para colocar el plato al cliente, se adelanta el pie derecho y se pone el plato por la derecha del comensal.

Ventajas:

— Servicio muy esmerado y vistoso.

— Frente al servicio a la francesa, es algo más rápido.

— No deja desperdicios: se sirve la ración a cada comensal.

Inconvenientes:

— Es un servicio lento. Se puede llegar a enfriar la comida.

— Se necesita una brigada amplia.

---

[26] Dos platos hondos para los desperdicios; al finalizar se cubre uno con otro y se retira la escombrera.

[27] Si se trata de persona diestra; si no, se hace al contrario.

— El personal de sala debe estar altamente cualificado y ser muy ágil.

— Se necesita material auxiliar (carros, gueridones, infernillos...).

— La sala debe disponer de espacio suficiente para poder trabajar con carros y gueridones.

SERVICIO A LA RUSA

Una variante del servicio desde gueridón se denomina «a la rusa», y la diferencia es que en el servicio a la rusa, además de todas las características del servicio desde gueridón, se trata de **platos calientes.**

Se necesitan unos elementos de apoyo característicos:

- **Carro caliente:** funciona con resistencias y mantiene a la temperatura adecuada los alimentos durante el servicio.

- **Baño maría,** que puede estar incorporado en el carro: permite que además de mantenerlos calientes, los alimentos no se resequen.

- Compartimento **para las salsas,** también en el carro caliente.

El servicio a rusa es muy vistoso: el jefe de rango debe **trinchar** delante de los comensales grandes piezas (aves, cordero, cochinillo...) o **desespinar** un pescado entero (lubina a la sal, merluza, dorada...).

1.5.4. Servicio emplatado o a la americana

El servicio de emplatado, llamado también servicio «a la americana», es actualmente el método más empleado en la mayoría de los establecimientos de restauración.

Proceso:

- La comida sale preparada desde la cocina en el mismo plato que se sirve al cliente.

- El personal de sala solamente debe transportar el plato desde la zona de pase de la cocina y **servirlo al cliente por su derecha** centrando el plato y colocándolo de tal forma que el anagrama del establecimiento quede frente al cliente; el género principal debe quedar centrado en el plato, la guarnición a la izquierda y la salsa en la parte superior o napando la comida si es la salsa propia de la elaboración.

- El plato puede transportarse y llegar a mesa con campana o sin ella. Si está con campana, se retira inmediatamente después de colocar el plato ante el cliente.

- Se transportan **tres platos** de cada vez como mucho, dos en la mano izquierda y uno en la derecha, **excepto** que vayan **con campana** que se llevan **dos**.

Es un tipo de servicio rápido y sencillo y se emplea mucho en la actualidad, puesto que permite a la cocina realzar las presentaciones y esmerarse en las decoraciones de los platos, además de mantener mucho mejor la temperatura de la comida.

Figura 1.22. Servicio emplatado.

Ventajas:

— Servicio sencillo, rápido y eficaz.

— Conserva bien las características organolépticas del plato.

— Permite realizar originales y sugestivas decoraciones.

— Idéntica presencia y racionado en todos los platos de un mismo tipo.

— No hay desperdicios, solo se sirve la ración calculada.

— Es bastante rentable para la empresa, no necesita material específico.

— Requiere poco personal pero ágil y con una cualificación básica.

Inconvenientes:

— Servicio menos vistoso que otro tipo de servicios.

— Es lento en ocasiones en que haya distancia notable entre cocina y sala.

En la actualidad los servicios más utilizados son el **servicio emplatado** y el **servicio a la inglesa** debido a la **rapidez** en su desarrollo, al pragmatismo (las esperas del cliente son reducidas) y, por ejemplo, facilitan la posibilidad de doblar mesas. Además hay que tener en cuenta el **atractivo** que consiguen los platos porque la presentación que realiza un cocinero en la cocina no es la misma que pueda elaborar el jefe de rango con unas pinzas y delante de los clientes.

Otro tipo de servicios como el servicio **en gueridón** o **a la rusa** se reservan para un tipo de establecimientos de cierta categoría[28], que tienen personal muy cualificado y además cuentan con más espacio dentro del comedor donde se pueden realizar estos servicios más vistosos que los anteriores.

---

[28] Hoteles de gran lujo, establecimientos exclusivos, ciertos clubs sociales, etcétera.

> *Los tipos de servicio más frecuentes son el emplatado o a la americana, que es el más sencillo, y el servicio a la inglesa, que requiere habilidades como dominio de posturas y manejo de las pinzas. Los tipos de servicio más vistosos en el restaurante son en gueridón y a la rusa, que permiten la oferta de platos «a la vista del cliente».*

1.6. Marcado de mesa: cubiertos apropiados para cada alimento

En el vocabulario de hostelería **marcar** es colocar los cubiertos necesarios a cada comensal para degustar el plato que se va a servir.

- **Pasos:**

  a) El camarero debe preparar la **muletilla** con los cubiertos necesarios según los platos que se van a servir.

  b) Los cubiertos deben colocarse de la siguiente manera:

    — Palas de pescado y cuchillos dentro del doblez de la muletilla y con el filo mirando hacia el cuerpo del camarero.

    — Cucharas y tenedores sobre la muletilla.

Figura 1.23. Muletilla.

  c) El plato con la muletilla se sujeta con la mano izquierda. Con la mano derecha se cogen los cubiertos con los que hay que marcar, colocándolos en la mesa: **las cucharas, los cuchillos y la pala de pescado por la derecha del cliente,** pero **tenedores por la izquierda** para no cruzar nunca la mano por delante del cliente.

  d) Los cubiertos se colocan rectos, dejando el espacio suficiente para colocar el plato, a dos centímetros del borde de la mesa y con el filo hacia el ala del plato.

    Si el plato ya está en la mesa antes del marcaje, y el cliente sentado, hay que colocar los cubiertos a derecha e izquierda del plato sin cruzar la mano por delante del cliente.

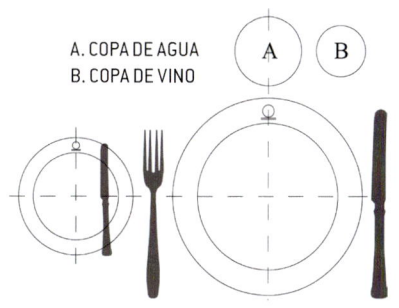

A. COPA DE AGUA
B. COPA DE VINO

Figura 1.24. Marcaje para carta.

e) Primero se marca el cubierto de la derecha y después el cubierto de la izquierda.

f) El hecho de colocar los **cubiertos ordenados en la muletilla,** según el protocolo del servicio, resulta de gran utilidad en muchas ocasiones, pues se evitan viajes innecesarios a la cocina. *Ejemplo:* Si un cliente se demora en finalizar un plato, ya están los siguientes platos listos en la cocina, y la muletilla está con los cubiertos en el orden protocolario, se marca rápidamente en cuanto acabe el cliente. Se conoce el plato siguiente por los cubiertos preparados. Se evita que enfríe el plato, pues se gana tiempo porque no es necesario acercarse a la zona de pase de la cocina a mirar la comanda (un viaje), volver a la mesa a marcar y nuevamente volver a la cocina por el plato (otro viaje). Se ahorra, al menos, un viaje a la cocina[29].

- **Colocación de los cubiertos:**

  Se colocan siempre a continuación del plato trinchero y **no más de cinco** cubiertos a derecha e izquierda del plato, y, como mucho, se pueden poner además los tres de postre en la parte superior. Hay dos maneras:

  a) Colocar **cada** cubierto necesario inmediatamente **antes** de servir el plato: se colocan al comensal los correspondientes a cada plato solicitado. Lo correcto es marcar justo antes de cada plato.

  b) Colocar **todos** los cubiertos **en la mesa** antes del servicio: el comensal se encuentra la mesa marcada con todos los cubiertos que vaya a necesitar durante la comida. Se suele hacer en servicio de banquetes.

- **Tipos de cubiertos:**

  a) **Los básicos o más utilizados:**

     — **Cuchara sopera:** para sopas y potajes.

       Se coloca: al lado derecho con la parte cóncava hacia arriba.

     — **Cuchara de cremas y consomés:** más pequeña que la anterior.

     — **Cuchillo y tenedor trincheros:** para guisos, carnes,

Figura 1.25. De izquierda a derecha: tenedor y cuchillo de postre/*lunch*-cuchara de postre-tenedor y pala de pescado-tenedor y cuchillo trincheros-cuchillo *steak*-tenedor de legumbres/arroces-cuchara sopera.

---

[29] El transporte del plato a veces puede hacerlo otro compañero.

tortillas... casi para todo, excepto para pescados y carnes a la plancha o parrilla.

Se coloca: el tenedor a la izquierda, con la parte cóncava de las púas hacia arriba; el cuchillo a la derecha con la parte del filo hacia el plato.

— **Cuchillo *steak*:** para carnes a la plancha o parrilla (chuletón, solomillo, entrecot...). El filo es de sierra. Actualmente se sustituye, cada vez con mayor éxito, por una **puntilla** de mesa, que es como el cuchillo *steak* pero con filo liso, porque realiza un corte más limpio.

Se coloca como el cuchillo trinchero, a la derecha y con el filo hacia el plato.

— **Tenedor y pala de pescado:** este tenedor tiene tres púas y si tiene cuatro, una de las muescas está más baja. La pala es para separar las espinas y la piel del pescado.

Se coloca: la pala al lado derecho con la cara vista hacia arriba; el tenedor al lado izquierdo con la parte cóncava de las púas hacia arriba.

— **Cuchara, cuchillo y tenedor de postre.**

Lo normal es que se marque solo cuchara a la derecha y tenedor a la izquierda y, si se pone cuchillo, es a la derecha. Si el postre va en un recipiente con paredes[30], solo se marca cuchara a la derecha.

En banquetes en los que se marca toda la mesa antes del servicio, los cubiertos de postre se colocan en la parte superior del plato base y horizontalmente al borde de la mesa: la cuchara en la parte de arriba con la parte cóncava hacia arriba y el mango a la derecha, el cuchillo a continuación con el filo hacia el plato y el mango a la derecha, y el tenedor más próximo al plato con las púas hacia arriba y el mango a la izquierda.

Actualmente, también se emplean los cubiertos de postre como **cubiertos de *lunch*.**

b) **Los especiales:**

— **Tenedor de legumbres:** para legumbres sin caldo, arroces y pastas.

Se coloca: al lado derecho con la parte cóncava hacia arriba.

— **Hurgador de mariscos y pinzas:** se colocan a la derecha y cruzados.

---

[30] Copa de helado, bol con macedonia de frutas, natillas...

- **Pinza para caracoles:** se coloca la derecha.

- **Cucharita de helados:** cucharita pequeña de pala casi plana.

  Se coloca: en el servicio mismo del helado, sobre el platillo y la pala hacia arriba.

- **Cucharita de café:** para infusiones y cafés.

  Se coloca: en el platillo del servicio de la taza de café.

- **Cucharita moka/moca:** para cafés solos.

  Se coloca: en el platillo de la taza de café.

- **Cubiertos para el servicio:**

Cazo de sopa	Cuchillo y pala de postres
Cuchara grande	Pala servicio de huevos
Pala y tenedor de servicio pescado	Pinzas de pastelería
Cacillo de salsas	Pala de pastelería

- **Colocación de la cubertería, normas:**

  a) El primer cubierto de cada lado está justo **en el borde externo** del plato.

  b) La **alineación** de los cubiertos se fija según el extremo del mango colocándolo a dos centímetros del borde de la mesa.

  c) Los cubiertos deben estar muy juntos pero sin llegar a tocarse.

  d) Ningún cubierto debe quedar oculto bajo el ala del plato.

  e) No se deben repetir dos cubiertos de la misma clase al marcar un menú. El último que se utiliza se coloca al servir el plato.

  f) El **orden** de colocación, desde el borde del plato hacia fuera, será inverso a su utilización. No hay que dejar separaciones amplias.

  g) **Los cubiertos de postre:** se colocan en la parte superior del plato solo si se colocan todos los cubiertos en la mesa antes del servicio, como ocurre en muchos banquetes; si no se da esa circunstancia, se colocan a los lados inmediatamente antes de servir el postre solicitado.

  h) **No** se deben colocar **más de tres** cubiertos juntos al lado izquierdo, pues el espacio está más reducido al colocar en ese lado el plato del pan.

CUCHARA

CUCHILLO

TENEDOR

TENEDOR DE PESCADO

TENEDOR TRINCHERO

CUCHILLO TRINCHERO

PALA DE PESCADO

CUCHARA SOPERA

Figura 1.26. Colocación de los cubiertos principales.
Marcaje para menú concertado.
(Se va a servir: una sopa o crema, un pescado, una carne, una tarta.)

- **Marcaje de platos según el grupo de alimentos y tipo de plato:**

  — **Entremeses**

Platos	Marcar con...
Ensaladas.	Cuchillo trinchero a la derecha. Tenedor trinchero a la izquierda.
Cóctel de gambas.	Tenedor de postre a la derecha.[31]
Espárragos.	Pinza de espárragos a la derecha o cuchillo trinchero a la derecha y tenedor trinchero a la izquierda o sin cubiertos y con un bol lavadedos.
Croquetas. Gambas Orly. Crudités.	Tenedor de *lunch* o postre.

  — **Huevos**

Platos	Marcar con...
Tortilla francesa. Huevos revueltos.	Tenedor trinchero a la derecha.

---

[31] Antes se marcaba con cucharita (aún se hace en algún establecimiento), pero actualmente se marca con tenedor porque resulta más práctico al comensal.

Platos	Marcar con...
Tortilla española.	Cuchillo trinchero a la derecha. Tenedor trinchero a la izquierda.
Huevos fritos. Huevos *mollet*.[32] Huevos duros.	Cuchillo trinchero a la derecha. Tenedor trinchero a al izquierda.
Huevos al plato.[33]	Cuchillo y tenedor de entremeses, el cuchillo a la derecha y el tenedor a la izquierda.
Huevos pasados por agua.[34]	Cucharilla de café a la derecha.

— Pastas italianas

Platos	Marcar con...
Canelones. Lasañas. Pizzas.	Cuchillo trinchero a la derecha. Tenedor trinchero a la izquierda.
Espaguetis. Tallarines.[35] *Tagliatelle*.[36] *Fetuccini*.[37]	Tenedor trinchero a la derecha. Cuchara sopera a la izquierda.
Macarrones... *Fusilli*.[38]	Tenedor trinchero a la derecha.

— Arroces

Platos	Marcar con...
Arroces sin guarnición.	Cubierto de legumbres o de arroz/trinchero, a la derecha.
Arroces con guarnición.	Cuchillo trinchero a la derecha. Tenedor de legumbres o de arroz/trinchero a la izquierda.
Arroces caldosos.	Cuchara sopera a la derecha.

[32] Huevos *mollet*: huevos cocidos en agua hirviendo durante cinco minutos. Después de refrescarlos se les quita la cáscara. La yema del huevo debe quedar blanda.

[33] Huevos al plato: preparados en recipiente de barro o porcelana previamente untado en mantequilla, metiéndolo al horno hasta que la clara esté ligeramente coagulada sin que la yema se endurezca.

[34] Huevos pasados por agua: huevos cocidos durante dos o tres minutos en agua hirviendo.

[35] Tallarín: similar al espagueti pero de forma plana. Admite las mismas preparaciones que aquel.

[36] *Tagliatelle*: pasta italiana en forma de cinta de casi un centímetro de anchura, delgada, y con color natural, verde, rosa, etc. Se prepara igual que el espagueti. Se confunde con el *fettuccini*, por su anchura o por su longitud, pero para muchos, la diferencia principal está en que el *tagliatelle* es una pasta que se consume siempre fresca.

[37] *Fetuccini*: pasta italiana en forma de cintas muy estrechas y alargadas.

[38] *Fusilli*: pasta con forma helicoidal.

— Sopas y potajes

Platos	Marcar con...
Sopas. Potajes.	Cuchara sopera a la derecha. Para el compango: cuchillo trinchero a la derecha, tenedor trinchero a la izquierda.

— Cremas y consomés

Platos	Marcar con...
Crema. Consomé.	Cuchara consomé a la derecha. (Servicio en taza de consomé).

— Verduras y hortalizas

Platos	Marcar con...
Verduras. Hortalizas. (Según el tipo de elaboración).	Tenedor trinchero a la derecha. o cuchillo trinchero a la derecha y tenedor trinchero a la izquierda.

— Pescados y mariscos

Nombre del plato	Marcar con...
Pescados.	Pala de pescado a la derecha. Tenedor de pescado a la izquierda.
Mariscos. Mariscos de caparazón duro.	Pala y tenedor de pescado + tenazas, hurgador y pinzas a la derecha, lavadedos con agua tibia y rodaja de limón, y escombrera.

— Carnes, aves y caza

Nombre del plato	Marcar con...
Carnes. Aves. Caza.	Cuchillo trinchero a la derecha. Tenedor trinchero a la izquierda.

— Carnes rojas

Nombre del plato	Marcar con...
Solomillo. Entrecot. Villagodio.[39]	Cuchillo steak (o puntilla de mesa) a la derecha. Tenedor trinchero a la izquierda.

---

[39] Villagodio: chuletón de vaca o de buey asado a la parrilla.

— Postres

Nombre del plato.	Marcar con ...
Helados. Espumas (moussses). Sorbetes.	Cuchara de postre a la derecha. Servidos en copa o bol.
Frutas naturales.	Cuchillo de postre a la derecha. Tenedor de postre a la izquierda. Cuchara de postre a la derecha, si se acompaña con zumo o es una macedonia.
Uvas y cerezas	Sin cubiertos y con bol lavafrutas.
Tartas blandas. Pudding o flanes.	Cuchara de postre a la derecha. Tenedor de postre a la izquierda.
Tartas de pasta dura. Hojaldre.	Cuchillo de postre a la derecha. Tenedor de postre a la izquierda. Cuchara de postre a la derecha, si se acompañan con salsas.

- Conviene insistir en unos **marcajes diferentes:**

  — El de **espagueti, tallarines:** cuchara sopera a la izquierda y tenedor trinchero a la derecha. Es por el protocolo para comer este plato: el comensal los enrosca con el tenedor en la mano derecha ayudándose de la cuchara en la mano izquierda como apoyo.

  — El de **arroz y legumbres** sin caldo: tenedor de legumbres.

  — El de **piezas de carne** como solomillo, chuletón o entrecot: cuchillo *steak* o puntilla de mesa.

  — El de la **sopa bullabesa:** además de cuchara, se marca con pala y tenedor de pescado (lleva pescado en porciones de cierto tamaño).

- **Marcajes con otros utensilios:** son los que se emplean para algunos platos concretos. Se marcan con utensilios propios para esa comida que no son propiamente cubiertos.

  — Elaboraciones servidas en **cazuela de barro:** cubiertos de madera de un solo uso. Se ponen estuchados y se rompen delante del cliente una vez finalice.

  — **Espárragos** con tres posibilidades:

    - Sin cubiertos y bol lavadedos (según protocolo en la mesa se pueden tomar con los dedos).

    - Con pinza de espárragos a la derecha.

    - Con cuchillo y tenedor trincheros (se está imponiendo por facilidad e higiene).

  — **Caracoles:** pinzas de caracoles a la derecha y hurgador a la izquierda.

  — **Mariscos de caparazón duro:** con tenazas y hurgador, a la derecha.

> *Todos los marcajes son muy pragmáticos, responden a la lógica de facilitar al cliente su empleo: como norma general, cuchillos y cucharas a la derecha y tenedores a la izquierda, incluidos los de postre cuando se trata de carta.*

1.7. Normas generales, técnicas y procesos para el servicio de alimentos y bebidas en mesa

Las mesas del restaurante deben estar montadas antes de la llegada del cliente, según la capacidad, la previsión de demanda o el número de reservas.

Conviene tener todo el comedor montado, aunque no esté reservado, para evitar la sensación de vacío y estar en disposición de atender a la clientela que pueda llegar. En las mesas no reservadas se monta para la máxima capacidad de comensales (es más fácil retirar que poner).

1.7.1. Servicio de alimentos en mesa

* Montaje de la mesa:
    a) Colocación correcta de la mesa en su ubicación: centrada, luz, equilibrada.
    b) Colocación del muletón.
    c) Tirado de mantel (técnica para extenderlo en la mesa) y cubremantel:

    La tendencia actual en muchos establecimientos es utilizar solo el cubremantel, pero más grande, con caída de cincuenta centímetros del borde de la mesa, a la altura del asiento de la silla. En este caso, al cambiar el usado, hay que tirar un cubre limpio, retirando el sucio, sin que se vea el muletón durante toda la operación.

    d) Colocación del servicio: plato base o el trinchero, cubiertos, copas, servilleta, plato de pan, elementos decorativos en mesa.

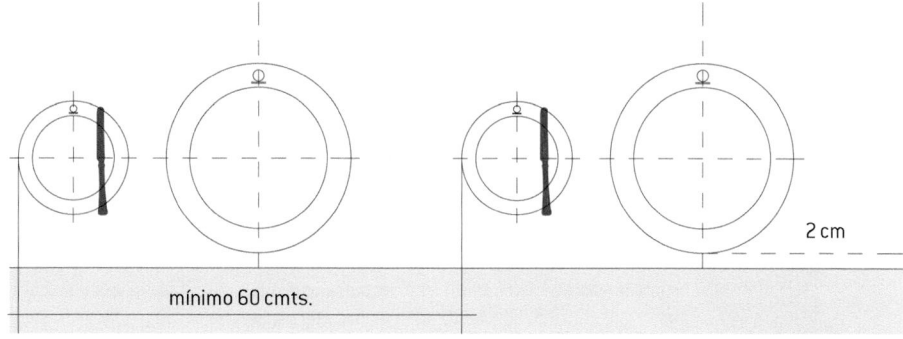

Fig. 1.27. Colocación del plato base.

La evolución de la demanda y **la modernización** animan a muchos establecimientos a prescindir del plato base, por la moda de emplear platos de diseño que, por sus formas, no encajan en un plato base tradicional. Lo mantienen en restaurantes tradicionales y en establecimientos de banquetes que, por su volumen, emplean vajillas estándar.

Figura 1.28.a. Marcaje completo con copas. **1.28.b.** Ídem con vaso de agua.

Por el mismo motivo de **evolución** en los gustos, se monta marcando con cuchillo y tenedor trincheros, porque la mayoría de las entradas de carta que pueda pedir un cliente van con esos cubiertos. Apenas se piden platos de cuchara, salvo que esté incluido en el servicio de menú.

Se puede montar un marcaje completo cuando se conoce el menú: un primero de pescado, un segundo de carne y tarta de postre; dos vinos, tinto y blanco, cava y agua. **Si el agua se sirve en vaso,** se coloca a la derecha de todas las copas y estas corren un puesto a la izquierda. Si va en copa, se coloca frente al plato y a su izquierda la de cava, y a su derecha las de vino. (Figura 1.28).

Era clásico marcar con plato base, plato de pan y solamente un cuchillo para untar la mantequilla en el pan (mientras se espera la comida). Hoy es menos frecuente.

- **Normas generales para el personal de sala**

Durante el desarrollo del servicio hay que observar unas normas necesarias, algunas de ellas muy obvias, pero que conviene recordar para conseguir un trabajo correcto:

— Relacionadas con la **deontología profesional:**

1. Intentar organizar las reservas de mesa en intervalos de quince minutos para dar una atención personalizada a cada cliente al llegar. Saludar al cliente.
2. Hay que tener presente que el personal es la imagen de la empresa.

3. No subir el tono de voz en el comedor. El servicio debe realizarse en silencio. Si el trabajo desborda al personal, hay que mantener la calma, no correr por el comedor porque parecerá que hay mala organización, ni pedir a voces los encargos de las mesas.
4. Evitar los corrillos y dejar desatendidos a los clientes.
5. El lito se lleva en el antebrazo izquierdo y bien doblado, nunca al hombro ni debajo del brazo, ni en el bolsillo. Si se produce sudoración en la cara, nunca se seca con el lito.
6. Emplear un vocabulario correcto con los clientes. Hay que ser natural utilizando un leguaje correcto, comprensivo, fácil y sencillo, tratándolos de «usted».
7. Se debe solucionar inmediatamente cualquier petición o queja del cliente.
8. En todo momento hay que demostrar la mayor discreción, no hay que quedarse quieto junto a una mesa escuchando una conversación y mucho menos intervenir en ella.
9. «El que gana una discusión con un cliente, no gana una discusión, pierde un cliente». No se discute nunca con un cliente: se intenta en todo momento solucionar un problema. Si no se puede, se comunica al superior más cercano.
10. Un tono de voz amistoso en la conversación demuestra disposición para ayudar.
11. No hay que tocar al cliente (tocar el brazo en tono amistoso, palmadas en la espalda...). No se le da la mano al cliente, es él quien la da.
12. La calidad en el servicio se mide por la naturalidad y sinceridad. Afrontando los posibles problemas ante el cliente, se evitan especulaciones y se le aclara la realidad de la situación (retrasos excesivos por un imponderable...).

— Normas relacionadas con la **mecánica del preservicio:**

1. Se monta el esqueleto en función de las reservas.
2. Montar para la máxima capacidad de comensales, aunque no esté reservada.
3. Hay que repasar todo el material y los aparadores.
4. Hay que revisar la cava de vinos.
5. Limpiar las cartas (ni sobadas ni con manchas), preparar muletillas, litos, pinzas, platillos para el corcho de vinos, aceite, vinagre. Ya no se preparan convoyes con aceiteras y vinagreras rellenables desde de la entrada en vigor el 1 de enero de 2014 de la modificación del RD 895/2013 sobre el apartado 4 del RD 1431/2003, de 21 de noviembre[40].
6. Preparar cubiteras con hielo y agua.
7. Preparar las paneras.
8. Repartir rangos. Consultar las posibles ausencias de alguna preparación ese día o cualquier otra oferta que esté fuera de carta.

---

[40] «Los aceites se pondrán a disposición del consumidor final en envases etiquetados y provistos de un sistema de apertura que pierda su integridad tras su primera utilización», es decir, envases no rellenables. Los que por su capacidad se puedan poner más de una vez, tendrán un sistema de protección que impida su reutilización una vez agotado el contenido original.

— Normas relacionadas con la **mecánica del servicio:**

1. Se comprueba la reserva. Un servicio rápido y limpio se consigue mejor con una buena organización del trabajo. Es importante realizar una buena *mise en place*.

2. Acomodar al cliente cuando entra en el restaurante. Se le debe acompañar al lugar del establecimiento que desee, en lugar de indicarle cómo llegar.

3. Dejar las cartas, una para cada comensal y una carta de vinos en el centro de la mesa. Existe la facilidad del código QR.

4. No se debe utilizar ninguna de las mesas montadas, aunque esté libre, para depositar material diverso ni sucio. No se coloca menaje que no haya sido repasado.

5. Para colocar los cubiertos se entra por la derecha o izquierda del cliente para marcar el plato. Nunca se cruza el brazo por delante del cliente.

6. Al colocar los platos al cliente el anagrama debe quedar en la parte superior del plato, el género principal de la comida en el centro y la guarnición a la izquierda. Todos los platos han de quedar iguales en la misma mesa. Si las copas tienen marca de anagrama, debe quedar de cara al cliente.

7. Poner lavadedos con la comida que lo precise. Se colocan a la derecha del comensal.

8. Se debe cambiar la servilleta después del uso del lavadedos y sobre todo en el servicio de mariscos, y se suelen facilitar toallitas húmedas.

9. Desbarasar por la derecha del cliente.

10. Cuando se utilicen soperas, salseras o fuentes, el servicio es siempre por la izquierda.

11. Cantar a los clientes la elaboración, ingredientes, guarnición, salsas, etc., y preguntar si está a su gusto, por ejemplo, el punto de la carne.

12. Ningún objeto que utilice el cliente y que haya caído al suelo debe volver directamente a la mesa.

13. Recoger cualquier servilleta o cubierto caídos, después de haberlo sustituido por uno limpio; así, el cliente percibe el cambio.

14. Los viajes a cocina deben aprovecharse al máximo: siempre hay algo para transportar (se ahorran viajes y roturas).

15. Tampoco hay que ir demasiado cargados, por peligrosidad y por imagen.

16. Las copas y vasos no deben cogerse metiendo dentro los dedos, ni aun cuando se esté desbarasando. También hay que evitar rozar la comida con los dedos al transportar platos o fuentes.

17. Siempre que sea posible, hay que procurar tener preparado el plato siguiente cuando el cliente finaliza el anterior.

18. Saber o conocer aproximadamente el tiempo que cocina tarda en la preparación de los platos. El margen para el servicio de los segundos platos suele ser entre **ocho y diez minutos.**
19. Un plato debe ser presentado al cliente antes de ser trinchado o servido; la presentación se hace por el **lado izquierdo del cliente.**
20. Al servir, no hay que llenar el plato excesivamente.
21. Hay que mantener la postura correcta y no inclinarse demasiado sobre la fuente.
22. Al final, llevar la cuenta a quien la pidió lo antes posible y sin que se vea el importe.

- **Proceso del servicio de comidas**

1. Toma de comanda.
2. Servicio de bebida[41]: agua y vino solicitado, presentándolo y dándolo a catar.
3. Servicio de pan. El **pan se sirve por la izquierda,** se deposita en el plato del pan y se repone constantemente[42].
4. Servicio de aperitivos: llevan en el mismo plato sus cubiertos (vasito de chupito con su cucharilla...). El servicio de aperitivos no debe trastornar a cocina[43].
5. Desbarasar el aperitivo.
6. Servicio de entradas.
7. Antes de levantar la entrada hay que avisar en cocina utilizando el siguiente argot: «Empieza la mesa... X», y preparar la muletilla (si no lo está ya) con los cubiertos del plato siguiente.
8. Servicio de los primeros platos en la mesa.
9. Una vez han terminado todos los clientes el primer plato, se procede al desbarasado, avisando previamente en cocina.
10. Marcar la mesa para segundo plato, colocando el plato si es servicio a la inglesa y sacar los segundos platos cantando al cliente la elaboración.
11. Desbarasar los segundos por la derecha, pero el pan siempre por la izquierda del comensal y con bandeja.

---

[41] En casi todos los manuales relacionados se menciona el pan como primer servicio. Hoy parece más apropiado servir primero la bebida, agua y vino, por este orden. La venta es más interesante pero también se evita que el cliente consuma pan en seco, sin la bebida necesaria para una fácil deglución. Hace años se ponía el pan en primer lugar. El camarero iba a cantar la comanda a la cocina y el sumiller dejaba entonces la carta de vinos en la mesa, dando así un tiempo a la cocina para sacar los platos. Hoy ese tiempo se cubre con el aperitivo de la casa.

[42] Hay que reponer continuamente la bebida y el pan.

[43] La oferta de aperitivos tiene que estar previamente elaborada; no se puede alterar el trabajo en cocina en este momento con la elaboración de aperitivos, que precisamente se ofrecen para dar tiempo a cocina a sacar los platos que están pidiendo los clientes.

12. Quitar las migas con la pala recogemigas o con una servilleta doblada con un plato debajo.
13. Dejar la carta de postres: una a cada cliente y abiertas, o están en código QR, o mostrar carro de postres si lo hubiera.
14. Tomar comanda de postres. Ofrecer un vino dulce para acompañar el postre.
15. Cantarla en cocina y marcar el postre.
16. Servicio de los postres. Si se pidió vino dulce, se sirve previamente.
17. Desbarasar el postre.
18. Tomar comanda de café, infusiones y licores[44].
19. Servicio de los cafés y licores. Aprovechar la bandeja del servicio del café para retirar el vino previa consulta al cliente.
20. Llevar la cuenta tras la solicitud del cliente. Entregarla siempre a la persona que la solicitó, y doblada para que no resulte visible el importe.

1.7.2. Servicio de bebidas en mesa

Es importante recordar la colocación correcta de la cristalería en la mesa para ofrecer un servicio de bebidas adecuado. En banquetes, en el montaje previo al servicio, se colocan también todas las copas que se van a necesitar, según un orden:

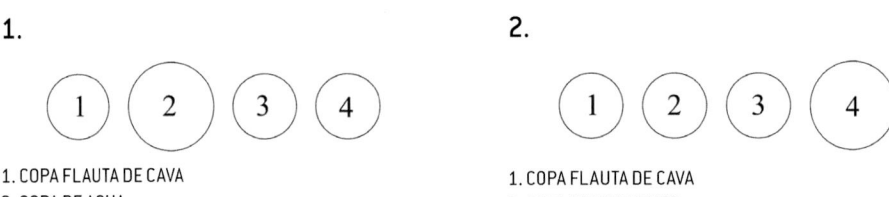

1.

1. COPA FLAUTA DE CAVA
2. COPA DE AGUA
3. COPA DE VINO TINTO
4. COPA DE VINO BLANCO

2.

1. COPA FLAUTA DE CAVA
2. COPA DE VINO TINTO
3. COPA DE VINO BLANCO
4. VASO DE AGUA

Figura 1.29. Colocación de las copas.

Este es el orden en el que se colocan las diferentes copas; en el caso de que no se vaya a servir una de las bebidas indicadas, no se coloca la copa correspondiente y se mantiene el orden.

En el dibujo 1 de la Figura 1.29, lacopa de agua (2), siempre frente al plato, y las demás se organizan a derecha: vino tinto (3), vino blanco (4); y a la izquierda

---

[44] Algunos establecimientos ofrecen en este momento un «cierre de mesa», que son bombones, tejas, *petit-fours* o *mignardises*.

de la de agua, la copa flauta para el cava (1) que acompaña los postres; si el postre se acompaña con vinos dulces en lugar de cava, el lugar de la copa flauta lo ocupa una copa catavinos.

Si el agua se sirve en vaso (dibujo 2 de la Figura 1.29), este se coloca en el lugar de la copa de vino blanco, debido a la diferencia de altura de vaso y copas y, por lo tanto, las copas corren un puesto a la izquierda. De izquierda a derecha quedan: copa de flauta (1), vino tinto (2), vino blanco (3) y vaso de agua (4).

Este orden responde a una lógica en el desarrollo de la comida o cena: de derecha a izquierda se colocan las copas desde la que primero se usa: vino blanco para entradas y pescados (primer y segundo plato); vino tinto para carnes (tercer plato) y cava o vino dulce para postres.

En otros servicios, el orden de colocación de las copas es el mismo, la relación de espacios se respeta (desde la que va más a la derecha, según el menú...), solamente hay que ir eliminando las innecesarias.

- **Servicio de aperitivos:**

  Las bebidas que se consideran aperitivos se caracterizan por tener poca graduación alcohólica, deben servirse frescos, estar marcados por la acidez, tener gas carbónico e, incluso, potenciar los tonos verdosos.

  El servicio de aperitivos se realiza antes de la toma de la comanda. El objeto del mismo es entretener al cliente mientras espera la toma de comanda y servicio de los primeros platos, además de estimular el apetito. Este servicio debe realizarse con celeridad, ya que de lo contrario no tendría sentido.

  El camarero transporta las bebidas solicitadas en una bandeja y se sirven delante del cliente y por su derecha. Solamente se suelen llevar servidos los cócteles o zumos.

  Las bebidas más consumidas como aperitivos son:

  — Vinos generosos: finos, manzanillas, amontillados, servidos en copa catavinos andaluza.

  — Vinos espumosos: cavas, champanes, servidos en copa de flauta.

  — Vermús: se sirven en vaso o copa; el vermú blanco con rodaja de naranja, y el vermú de color con rodaja de limón.

  — Cervezas: se sirven en copa sin hielo.

  — Refrescos y zumos: en copa de cerveza o en vaso.

  — Cócteles: en copa de cóctel.

— Bíteres: se sirven en copa de vino con rodaja de naranja.

— Vinos tranquilos u otras bebidas de fermentación natural como sidra, vinos blancos, *txacolís*...

- **Servicio de aguas:**

La oferta de aguas en el restaurante ha evolucionado de manera importante en los últimos años. En la actualidad la inmensa mayoría del agua consumida en restauración está embotellada. Existen establecimientos que ofrecen una carta de aguas y el cliente puede elegir entre aguas con distintos grados de mineralización, con gas, sin gas o de manantiales de distintas zonas geográficas.

En menor medida se consume el agua no envasada, vulgarmente «del grifo» (km 0). Se presenta al cliente en **jarra de cristal** y frecuentemente con hielo.

El **agua** se suele servir fresca de **seis a ocho grados** centígrados. El envase de cristal es el más utilizado en restaurante, con una capacidad de 50 cl o 100 cl.

La botella de agua se coloca **en una champanera con hielo** para mantener la temperatura. El agua se sirve por la derecha del cliente. Cuando se saca la botella de la champanera **se seca con el lito** para evitar que caigan gotas en el mantel o resbale de la mano del camarero. Durante el servicio, el **cuello de la botella no debe tocar la copa** y hay que tener cuidado para no salpicar.

- **Servicio de vinos:**

El correcto servicio es fundamental para poder apreciar y disfrutar las características y calidad de un vino. Para conseguir un servicio correcto hay que seguir unos pasos:

— Presentación:

   1. El sumiller toma la comanda de vinos asesorando, si el cliente lo solicita, sobre el vino que mejor acompaña a los platos elegidos.

   2. Se presenta la botella, por la derecha, al cliente que haya pedido el vino, mostrando la etiqueta, para que verifique la marca y añada.

— Descorche de vinos tranquilos:

   1. El descorche se realiza a la vista del cliente:

      - Vino blanco y rosado, desde la champanera.

      - Vino tinto, desde gueridón.

   2. La botella se sujeta con la mano izquierda, manteniéndola verticalmente.

3. Con la cuchilla del sacacorchos se corta la cápsula por debajo del gollete; evitar girar la botella.

4. Se retira la corona de la cápsula cortada y se deposita en un platillo.

5. Se clava la espiral en el centro del corcho y se gira el sacacorchos; nunca se gira la botella ni se puede perforar el corcho, para que no caigan restos dentro.

6. La palanca del sacacorchos se coloca en la boca de la botella.

7. Se extrae el corcho lentamente, tirando hacia arriba. La mano izquierda se debe mantener sujetando firmemente la palanca en la boca de la botella.

8. Se termina de extraer el corcho con la mano derecha evitando hacer ruido.

9. Se limpia la boca de la botella con el lito.

10. Se desenrosca el corcho del sacacorchos protegiéndose con el lito y se comprueba que no huele a moho o vinagre.

11. Se suele mostrar el corcho al cliente, colocándolo sobre un platillo que se deja en el lado derecho del cliente y se retira antes de servir el pan.

— Descorche de vinos espumosos:

1. Tras presentarlo, el vino espumoso se pone en una champanera con hielo y agua para conservar la temperatura.

2. Se sujeta con el dedo pulgar de la mano izquierda el corcho. Con la mano derecha se retira la cápsula y el alambre. Se inclina ligeramente la botella en la champanera; con la mano derecha se gira el corcho y se extrae. Se debe retener el corcho para evitar que salte con la presión. Se pueden utilizar unas pinzas especiales cuando el corcho se resista a salir.

3. Es importante observar el corcho: el vino está fresco y bien conservado si recupera su forma de seta rápidamente. Si por el contrario el corcho no se expande, el vino no está en óptimas condiciones de consumo.

— Servicio del vino:

Se toma la botella con la mano derecha **sin tapar la etiqueta**. Se sirve lentamente en la copa un poco de vino a la persona que lo solicitó para que lo pruebe. A la vez que levantamos la botella, se realiza un ligero movimiento de rotación hacia la derecha para **evitar que gotee**. El cuello de la botella nunca debe tocar el borde de la copa. La mano izquierda, con el lito, debe permanecer retirada a la espalda. Si es **vino blanco**, se coge la botella **por la base,** protegida con una servilleta para no calentarla con la mano. Si es **tinto,** se coge la botella **por el cuerpo,** haciendo una L con el dedo índice recto y el pulgar horizontal.

Después de servir el vino, se seca con el lito la boca de la botella. Cuando la persona que cató el vino da su aprobación se sirve a los otros clientes según las normas de protocolo. La persona que cató el vino se sirve en último lugar.

En el servicio de vinos espumosos y debido al anhídrido carbónico que contienen, el servicio se realizará lentamente y en dos tiempos.

— **Servicio de vino tinto desde cestillo:**

Los vinos tintos reservas que lo necesitan se sirven desde cestillo de mimbre o metálico. La función del cestillo es mantener la botella en **posición horizontal**[45] y moverla lo menos posible. El cestillo se viste con una servilleta, antes de colocar dentro la botella.

El servicio de vino en cesta puede realizarse de dos formas:

1ª Sujetando la cesta en la mano izquierda: se retira la copa de la mesa con la mano derecha, se sirve el vino fuera de la mesa y luego se vuelve a poner la copa en la mesa por la derecha del cliente.

2ª Sujetando la cesta en la mano derecha y sirviendo directamente en la copa.

Si el cliente solicita una nueva botella del mismo vino, se da a catar en una copa limpia. Si el cliente no aprecia grandes diferencias, se sirve en las mismas copas. Si se cambia de vino, se cambian automáticamente las copas a todos los comensales.

— **Temperatura de servicio:**

Temperaturas de servicio	
Blancos jóvenes, finos y manzanillas.	6-7 °C
Blancos fermentados en barricas y crianzas.	7-8 °C
Blancos dulces.	5-6 °C
Espumosos y cavas.	5-6 °C
Rosados y claretes.	8-10 °C
Tintos jóvenes y amontillados.	15° C
Tintos crianza.	16 ° C
Tintos reserva.	17° C

---

[45] Los vinos tintos que permanecen largos periodos de tiempo envejeciendo en la botella pueden llegar a tener precipitaciones de materia colorante, polifenoles; si el vino se agita o mueve en exceso, los sedimentos pueden enturbiar el vino.

Las personas que trabajan en sala tienen que conocer los pasos que se siguen para dar un servicio correcto. La deontología profesional, la preparación del comedor y la ordenación del procedimiento de servicio son imprescindibles para un buen funcionamiento en el restaurante.

1.8. Normas generales para el desbarasado de mesas

1.8.1 ¿Qué es desbarasar?

Esta palabra es un tecnicismo profesional propio del lenguaje del trabajo en hostelería. Se refiere a todas las acciones necesarias para retirar un servicio que ha finalizado. Hay dos momentos en que se usa la palabra:

- Retirar un servicio entre plato y plato. Cuando el comensal ha finalizado su plato, deja los cubiertos juntos sobre el plato, más o menos en posición a las 16:20, según las agujas del reloj (sería lo correcto). La observación sistemática también indica al/la camarero/a cuándo debe desbarasar ese servicio para pasar al siguiente.

- Retirar la mesa completa al finalizar la comida y dejarla dispuesta para proceder a un nuevo montaje.

Durante el proceso, el cliente puede pedir llevarse los alimentos que no haya consumido. Se le debe facilitar en envases aptos para el consumo alimenticio reciclables o reutilizables, para cumplir con la Ley de prevención de las pérdidas y desperdicio alimentario.

1.8.2. Normas en el proceso de desbarasado

Para retirar el servicio entre plato y plato:

a) Se entra en la mesa por la derecha del comensal y se retira el plato con la mano derecha, pasándolo a la mano izquierda.

b) Los platos con restos de alimentos se llevan en la **mano izquierda**, alejándose de la posición del cliente para evitar caídas de restos sobre el comensal y usando el tenedor para tal operación.

c) Hay que prestar atención a la hora de recoger **todos los cubiertos,** hayan sido o no utilizados por el comensal, y se lleva todo al *office* para su limpieza.

d) A la hora de desbarasar el tercer y último plato o los segundos, si solo toman una entrada y un plato, hay que **retirar** también el **plato de pan** (excepcionalmente se podría dejar si la comanda de postres se ha tomado al principio y el postre requiere pan, como los quesos).

e) El **plato de postre** se retira por la izquierda y se hace con bandeja en la que se van apilando los platos y depositando los restos de pan sobrante.

f) A continuación, se retiran las migas con la **pala recogemigas.**

Tareas postservicio: desbarasado al final de la comida:

Esta fase se desarrolla sin el contacto directo con los clientes, al igual que la fase de preservicio.

Las operaciones de postservicio son básicamente de **limpieza y recogida.** Esto facilitará el trabajo que hay que realizar en la posterior puesta a punto de la sala.

Tareas: retirar todos los elementos que quedan en las mesas utilizadas.

a) Cristalería (copas de agua y de licor). Se debe recoger con una bandeja.

b) Servicio de cafés o dulces también con bandeja.

c) Servilletas[46]. Se retiran cogiéndolas con las pinzas.

d) Los motivos decorativos se retiran a los aparadores.

e) La cristalería y la loza sucias se depositan en el *office* para acelerar su limpieza, ya que este material seguramente se necesite en el montaje de la sala.

f) Se limpian las mesas y las sillas, retirando migas o cualquier pequeño resto de alimento con cuidado de que no caiga al suelo.

g) Si el mantel está sucio y no se va a utilizar cubremantel en el nuevo montaje, se cambia por uno limpio.

h) Se revisa el muletón por si es necesario cambiarlo.

i) Los aparadores deben recogerse retirando los elementos sucios o innecesarios: cestas de pan, botellas de vino, salseras, etcétera.

j) Se retiran las champaneras y cubiteras con sus pies utilizados en el servicio de aguas y vinos.

k) Se revisan y limpian superficies y mobiliario: sillas, mesas, gueridón, etcétera.

l) Suelos: barrido y limpieza.

---

[46] Si hay mucha cantidad (desbarase de banquetes...), un sistema que facilita el recuento es cogerlas de un pico, de una en una y hacer grupos en vertical de diez en que la décima ata horizontalmente a las otras nueve.

En todo el proceso de desbarasado hay que tener muy presente:

1. Medir las fuerzas, capacidad de equilibrio y coordinación de movimientos.

2. No se deben apoyar los platos contra el cuerpo, por protocolo y por riesgo de mancharse.

3. No resulta correcto desbarasar más de tres o cuatro platos de una vez depositando los restos de comida en el plato inferior. Es preferible contar con mesas de apoyo o ayuda de compañeros.

4. Si se transportan por la sala restos de comida, lo correcto es llevarlos tapados con otro plato boca abajo (escombrera) para evitar que los clientes vean esos restos.

5. Cuando se desbarasan platos de tamaño reducido, como el de postre o aperitivos, es conveniente ayudarse de un plato de mayor tamaño, trinchero por ejemplo, para apoyar los cubiertos que se retiren o restos de comida.

6. Las posturas forzadas pueden acarrear lesiones lumbares.

> *Se emplea la palabra* desbarasar *para retirar el servicio de un plato y poder servir el siguiente y para limpiar y recoger una mesa o el comedor hasta el próximo servicio.*

1.9. Servicio de guarniciones, salsas y mostazas

1.9.1. Servicio de guarniciones

La guarnición es una elaboración culinaria que acompaña al género principal. Suelen ser preparaciones sencillas a base de verduras, hortalizas, arroz, pasta, purés, frutas... Nunca debe ser mayor la cantidad de guarnición que la del género al que acompaña y nunca se sirve sobre este.

En el servicio emplatado, la guarnición ya sale colocada en el plato desde cocina. El cliente debe verla en la **izquierda** del género principal.

En el servicio a la inglesa, la sirve el camarero con las pinzas. Para ello, ha de estar debidamente montada la fuente, con un orden que facilite el servicio con rapidez y limpieza. Se sirve en primer lugar por la izquierda del comensal el género principal en el centro del plato y, a continuación, la guarnición depositándola en la izquierda del género principal.

En el servicio desde gueridón y a la rusa, el camarero sigue el mismo procedimiento: en primer lugar sirve el género principal con la pinza y a continuación, también con la pinza, coloca la guarnición en la **izquierda** del género principal (siempre según se presenta al cliente). Hay que tener en cuenta el anagrama del plato o una referencia para girarlo en el momento de depositarlo ante el cliente.

1.9.2. Servicio de salsas

El **salseo** es la inclusión de alguna salsa en la comida. Según la naturaleza del plato, las salsas pueden ser de dos tipos:

- Las propias de la elaboración culinaria: pato a la naranja, pollo al chilindrón, merluza a la cazuela, almejas marinera...

- Las que no se cocinan con el ingrediente principal y se incluyen como aderezo: mayonesa, salsa rosa, salsa de tomate, kétchup... Algunas de estas, principalmente las salsas frías, pueden venir envasadas.

El **servicio** de las salsas depende de la elaboración culinaria a la que acompañen.

- Las salsas suelen servirse **desde salsera**, que puede ser de uno o dos cuerpos; se sirven a la inglesa y con el cacillo[47] de salsas o, en su defecto, cuchara de postre.

- Si la salsa es propia de la elaboración, se pone por encima de la comida, sirviéndola desde la izquierda del comensal, preguntándole previamente si la desea o no, por ejemplo: albóndigas, aleta rellena...

- Si la salsa no es propia de los jugos de la elaboración culinaria, no se debe salsear por encima de la comida, si no que se sirve en la parte superior del plato, justo arriba de la elaboración, por ejemplo: pastel de merluza con mayonesa.

- Si la salsa es de **acompañamiento**, se dispone en la parte superior derecha del plato, y la guarnición, en la parte superior izquierda.

- El aspecto de la salsera: limpia y sin chorretes. En el caso de salsas calientes, no debe tener telillas superficiales, hay que remover la salsa para que no cuaje en superficie ni flote la grasa (deberán estar tamizadas y desgrasadas).

- El camarero se ayuda del lito rodeando muñeca y mano para sujetar la salsera por la parte inferior.

---

[47] Cuando la salsera es de dos cuerpos, para dos diferentes salsas, cada cuerpo debe tener su propio cacillo, por ejemplo: salsa mayonesa y salsa rosa.

1.9.3. Servicio de mostazas

Las mostazas pertenecen al grupo de las **salsas envasadas**, como también el kétchup, la salsa Perrins, el tabasco.

- Servicio de este grupo de salsas envasadas, modalidades:

  — Llevar el propio **envase a la mesa del cliente**. Se repasan perfectamente los envases durante la *mise en place* (limpiar envase, tapa...). Se lleva a la mesa sobre plato con servilleta doblada y se sirve con una pequeña espátula para tal fin o, en su defecto, con una cucharita.

  — En **pequeños recipientes** más atractivos que el envase y con su cucharita para que el propio cliente se sirva.

  — Envases **monodosis**.

- **Detalles del servicio:**

  — Se suelen servir según petición del cliente o se ofrecen como acompañamiento a platos característicos para esas mostazas y salsas: parrilladas, carnes a la brasa, salchichas, pollo, ensaladas.

  — Se dejan en la mesa hasta que finalice el plato al que acompañan.

  — Los tipos de mostaza más empleados son:

    - Mostaza de Dijon: amarillenta y de sabor fuerte.

    - Mostaza de Burdeos: más oscura y sabor más suave.

    - Mostaza inglesa: color oscuro (elaborada con granos de mostaza negros y blancos) sabor fuerte; acompaña al *roast beef* y a pescados ahumados.

    - Mostaza alemana: granulosa y de sabor fuerte; acompaña a salchichas.

    - Mostaza americana: amarillenta clara y textura fina para hamburguesas, barbacoas, perritos.

  — Al desbarasar el servicio correspondiente, el camarero debe preguntar al cliente si puede retirar la mostaza.

> *Las guarniciones, salsas y mostazas son acompañamiento para los platos. Nunca el acompañamiento debe ocultar el género principal, ni ser más abundante.*

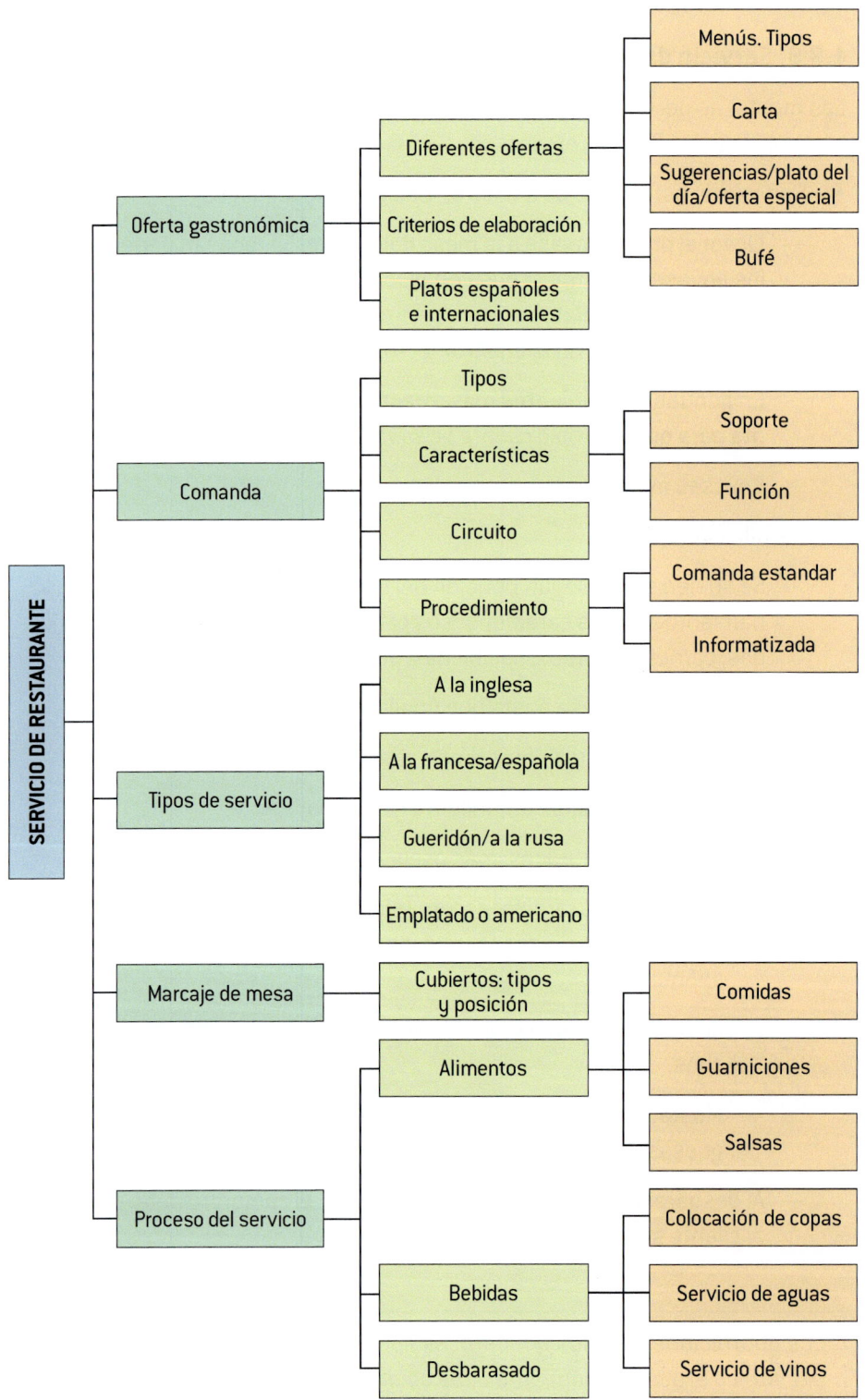

Figura 1.30. Servicio de restaurante.

Actividades finales

1.1. Enumere tipos de establecimientos que oferten restauración comercial.

1.2. ¿En qué se diferencia la restauración cautiva comercial de la social?

1.3. ¿Qué incluye un desayuno americano?

1.4. Relacionar

1. Menú de cóctel		a. No sustituye a una cena
2. *Brunch*		b. Puede sustituir a una cena
3. *Lunch*		c. Se sirven medias raciones
4. Menú degustación		d. Se sirve entre las 11:00 y las 14:00 h
5. *Drunch*		e. Se degusta entre las 18:00 y las 21:00 h

1.5. ¿Cuáles son las series de platos que suelen aparecer en la carta de un restaurante?

1.6. Situar en su región o país los siguientes platos:

Plato	Región o país
Bacalao al pilpil	
Cachopo	
Gazpacho	
Musaka	
Risotto	
Cuscús	
Fish and chips	
Cebiche	
Burritos	
Adafina	

1.7. Debe tomar la comanda de la mesa n.º 7, en la que hay seis comensales que van a tomar el menú del día. De primeros platos piden: el comensal n.º 1 fideuá; el n.º 2 y el n.º 4, sopa de pescado; el n.º 3, el n.º 5 y el n.º 6, ensalada mixta. De segundos piden: el n.º 1 y el n.º 5, merluza en salsa verde, el n.º 2, y el n.º 6, *fingers* de pollo; el n.º 3 y el n.º 4, albóndigas. De bebida, piden dos botellas de agua grande y una de vino cosechero. Escriba su comanda.

1.8. Completar:

a) Un plato de pescado se marca con ....

b) Un chuletón de buey se marca con ....

c) Como norma general, cucharas y cuchillos se colocan a la ....
.... del plato y tenedores a la ....

d) El plato de pan se coloca a la .... del plato base.

e) En el servicio a la inglesa se sirve por la................................. del cliente.

1.9. Marcar verdadero (V) o falso (F) en los siguientes enunciados:

a) El menú de la casa lleva incluido pan y bebida ......

b) A la derecha de la copa de agua se coloca la de flauta o cava ......

c) Todos los postres se marcan con cucharilla, tenedor y cuchillo de postre ......

d) Si al cliente le cae el tenedor, primero se recoge y luego se le da otro ......

e) La guarnición debe verla el cliente a la izquierda del género principal ......

1.10. Diferencia entre el servicio a la inglesa y el emplatado.

2. Atención al cliente en restauración

Introducción

Un cliente, cuando entra en un establecimiento, debe tener la percepción de que es recibido con especial atención hacia él. Es fundamental que los clientes no se sientan desorientados, ni desatendidos.

Contenido

2.1. la atención y el servicio

La atención al cliente comienza ya antes del servicio propiamente dicho. Antes de la llegada del cliente al establecimiento debe realizarse una fase previa de **planificación**. Durante ella, se atiende a criterios organizativos y de distribución de funciones, así como a todo aquello relacionado con el conocimiento de la oferta. El principal objetivo es conseguir que no sea necesaria la improvisación.

2.1.1. Acogida y despedida del cliente

a) La acogida:

- Es muy importante que al llegar el cliente se sienta **atendido y recibido**. La sensación de espera en la entrada sin ser atendidos o recibidos o saludados rompería, entre otras cosas, el necesario clima de confianza. Hay que hacerlo de manera que el cliente se sienta bienvenido de una forma espontánea y natural.

- La persona que recibe a los clientes suele ser **el *maître***. Se debe saludar con cordialidad. Un agradable «buenos días» o «buenas noches» predispone positivamente al cliente.

   El *maître* o el jefe de rango ofrece recoger los abrigos u objetos para mayor comodidad de los clientes y les pregunta si tienen o no reserva.

- Siempre que sea posible se debe utilizar **el nombre del cliente**, ofrecer «la mesa de siempre» o aquella que pueda ser de su agrado y acompañarle hacia ella utilizando las fórmulas de cortesía, recoger abrigos, retirar sillas, siempre con gesto amable y una sonrisa. Cobran especial relevancia todos aquellos aspectos relativos al servicio (mesas en las que falte algo, sucias, cartas en mal estado o con correcciones o insuficientes para todos los comensales...).

- Si tienen **mesa reservada**, les acompaña al sitio, separando ligeramente las sillas para facilitar su acomodo. Se debe evitar colocar a los clientes de cara a la pared o cerca de lugares de tránsito.

   Si los clientes no tienen reserva y tuvieran que esperar, se les invita a sentarse en una zona tranquila ofreciéndoles un aperitivo.

   Siempre que se disponga de mesas libres se pregunta a los clientes qué mesa prefieren ocupar.

b) **Presentación de la oferta, toma de pedido y seguimiento del servicio**: se deben dejar unos minutos desde que el cliente se acomoda y ambienta hasta el momento de presentar las cartas. Las **cartas** se presentan abiertas o en código QR, **por la derecha** del cliente. Es el momento de comentar alguna elaboración que no esté en la carta, o alguna que interese, sin intentar forzar la venta de algún plato, pues suele resultar desacertado. Se dejan de nuevo unos minutos para que el cliente decida; hay que permanecer atentos, ya que algunos precisarán información y consejo sobre alguna de las elaboraciones.

- Una vez acomodado el cliente, hay que poner algo en la mesa con la máxima rapidez posible, ya que ha ido para comer y beber. Hay que dar la imagen real de **rapidez en el servicio**. Si se producen retrasos o esperas, conviene informar del porqué se han producido e indicar el tiempo real que va a durar la espera.

- La atención al cliente implica un **seguimiento del servicio**: por un lado, las tareas propias del servicio según lo específico de la comanda, y por otro, la supervisión de que todo se lleve a cabo en la medida que esperaba el cliente. En las primeras hay que poner especial atención a cada comensal (que se le sirva lo que pidió, que no se produzcan bailes de platos y que estos se sirvan a la temperatura adecuada y en los tiempos oportunos), estar pendientes de lo que pueda demandar para que se sienta atendido. También hay que cuidar que sus peticiones se ajusten a las expectativas, observando o preguntando al cliente e intentando aclarar sus dudas.

- **Reposición**: hay que fijarse si falta algo cada poco tiempo, reponer vino, pan, agua o cualquier otra cosa lo más rápido posible.

- **Desbarasar** cada servicio lo antes posible y cuando los clientes hayan dejado de comer. Es muy desagradable tener los platos sucios delante.

- Reclamar el segundo plato a su debido tiempo y asegurarse de que no falta nada encima de la mesa.

- Aunque los clientes hagan una larga sobremesa, cuando piden **la factura** hay que elaborarla y entregarla lo antes posible.

- Si un cliente demanda atención cuando se está atendiendo a otros clientes, no procede obviar su llamada, hay que comunicarle que se le atenderá enseguida.

- Se debe preguntar al cliente si está satisfecho, o le ha gustado la comida...

- Hay que recoger la mesa cuando se marche el cliente porque de lo contrario se puede provocar una mala impresión entre los clientes que quedan y los nuevos que puedan entrar.

c) La despedida:

- Es tan importante como la acogida... De ahí depende en gran medida la fidelización del cliente. En cuanto pide la cuenta es porque tiene intención de marcharse ya. El procedimiento de cobro tiene que estar establecido para resolverlo en el menor tiempo posible.

- La factura se entrega a quien la pidió y doblada o boca abajo sobre bandeja o soporte, de tal modo que no se vea el importe. Para los pagos con tarjeta, móvil o reloj inteligente, se utiliza el datáfono y se pregunta al cliente si quiere copia de la operación. La vuelta de un pago en metálico se entrega sobre bandeja o soporte con la factura para que la recoja el cliente si lo desea.

- Se ayuda al cliente retirándole la silla cuando se levante, recogiéndole abrigos y pertenencias que ha dejado a la entrada, ayudándole a ponérselo, etc., todo con naturalidad y cortesía.

- Se le despide dándole las gracias por su visita amablemente (nunca se debe tocar[48] al cliente, ni en el saludo, a no ser que él extienda la mano para saludar).

- Al final de cada servicio es conveniente realizar **una evaluación** del mismo con todos los componentes del equipo para comentar todas las incidencias de forma constructiva y participativa. Se debe recapitular sobre los errores cometidos para aplicar las mejoras oportunas.

2.1.2. La empatía

No hay que confundirla con la simpatía. La empatía es la capacidad de ponerse en el lugar y circunstancia de otro y poder estar en sintonía con él. Ayuda a medir el grado de satisfacción del cliente porque por medio de la empatía podemos percibir su respuesta anímica al trato que está recibiendo. Las personas que no saben ponerse a la altura de los demás resultan hoscos o distantes y su compañía poco atrayente, aunque sean correctos y educados. La Real Academia dice que es «una identificación mental y afectiva de una persona con el estado de ánimo de otra».

- Practicar la **empatía en hostelería** es hacerle saber a un cliente, cuando está delante, que somos conscientes de su presencia y necesidades; que parezca que no hay nada más importante que atenderle a él. Para ello, hay que cumplir unas premisas:

---

[48] Por ejemplo, no se le deben dar palmadas en la espalda, como se hace con los amigos, ni contactos de compadreo con el codo, etcétera.

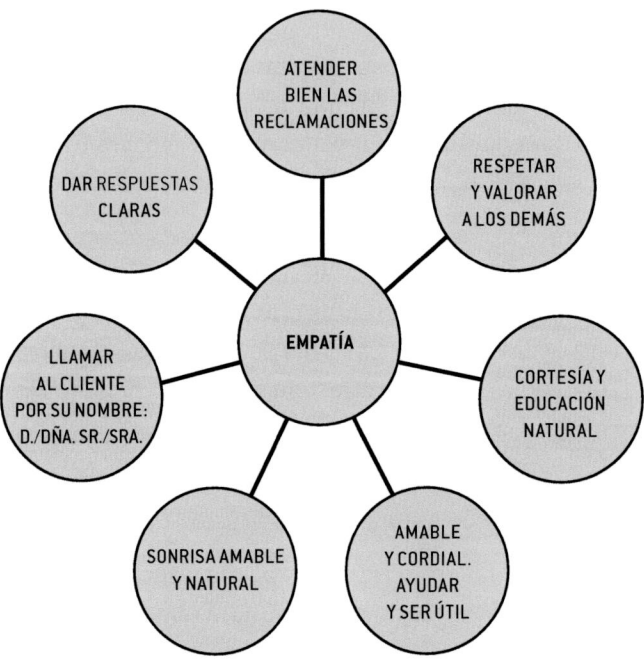

Figura 2.1. Empatía en hostelería.

2.2. La importancia de la apariencia personal

La higiene es imprescindible en hostelería. Sin ella, es imposible ofrecer un servicio de calidad. El aseo personal es un factor fundamental para presentar un aspecto impecable.

- Rostro y cabello:

  — El cuidado del rostro y cabello es de vital importancia en la imagen del buen profesional y del establecimiento, y es imprescindible seguir unas normas:

Personal masculino

— Evitar sudoración en la cara con aseo evidente.

— Pelo arreglado y limpio, y si es largo, recogido.

— Lavado muy frecuente (pelo, ropa...).

— Afeitado diario antes del servicio; si se tiene barba o bigote, deben estar arreglados.

— Evitar lociones o perfumes penetrantes.

Personal femenino

— Rostro aseado sin restos de pinturas o cremas.

— Pendientes discretos que no sean de colgar (por peligro de engancharse en cualquier tarea y por no llamar la atención).

— Llevar el pelo muy limpio, recogido.

— No usar colonias y perfumes durante el servicio o muy suaves y frescas.

- **Aseo y cuidado personal.** En el aseo y cuidado personal diario hay que cumplir unas **normas:**

    — Máxima pulcritud en el aseo corporal del trabajador. Se recomienda la ducha diaria o al menos antes del servicio.

    — Control de la sudoración: muy importante por los movimientos que se realizan ante el cliente durante el servicio.

    — Cuidar la **dentadura y su limpieza** perfecta.

    — **No fumar ni beber** entre el servicio o antes de iniciarlo (el olor permanece).

    — **La halitosis** (mal olor de boca) puede resultar un auténtico problema para un camarero y no se evita mascando chicle, (que está desterrado de cualquier imagen correcta). Si persiste a pesar de la limpieza dental, hay que consultar inmediatamente a un médico especializado.

    — Las uñas han de estar cortas y limpias. Hay que evitar manicura de colores llamativos.

    — Emplear zapatos cómodos; los hay especiales para este trabajo, con suela antideslizante, protección y sujeción del pie, etcétera.

- **Cuidado del uniforme de trabajo:**

En las empresas de servicios tiene mucha importancia la uniformidad del personal. Contribuye a realzar el servicio y la categoría del establecimiento. Por lo tanto, hay que cuidar escrupulosamente la limpieza del uniforme.

    — La **limpieza debe ser periódica** y la de algunas prendas (camisa, calcetines...) diaria.

    — **Tejidos** de calidad (alargan la vida del uniforme) y facilitan limpieza (lavado), el secado y el planchado.

    — **Confección** adecuada y cómoda, evitando prendas muy ajustadas, demasiado flojas o largas, que dificulten los movimientos.

La uniformidad clásica de los trabajadores de hostelería suele ser: **pantalón negro y camisa blanca**, y en los banquetes, con **pajarita** negra o corbata y chaquetilla. Pero cada vez con mayor frecuencia cada empresa utiliza otros diseños modernos y cómodos para identificarse como imagen corporativa de la casa y, en muchos casos, con alguna variación en el diseño para distinguir la categoría profesional de los trabajadores.

Las tendencias de la moda también alcanzan a los uniformes de trabajo en hostelería para marcar calidad y estilo; cada trabajador ha de aceptar el modelo que le corresponda.

Entre las **recomendaciones generales** destacan las siguientes:

— Es indispensable tener **dos uniformes**.

— El uniforme es para usar en horas de trabajo y nunca fuera el establecimiento.

— Es necesario planchar la ropa (camisa, pantalón, chaquetilla y chaqueta...). El uniforme además de limpio **ha de estar planchado**.

— Los zapatos suelen ser negros u otros diseños (que sean cómodos y antideslizantes), y hay que mantenerlos perfectamente limpios.

— Los calcetines, generalmente negros, de hilo, algodón o material que facilite la transpiración, con un elástico que no ejerza mucha presión.

— Está estipulado que las empresas proporcionen la ropa de trabajo y las condiciones se establecen en el convenio colectivo de hostelería de cada comunidad autónoma. Las normas del establecimiento determinan si la limpieza y conservación de los uniformes se hace a cargo de la empresa o del trabajador.

— En todo caso, el trabajador es el responsable del perfecto estado de su uniforme, que acompaña a su propia imagen y a la vez es la de la empresa.

• **Imagen del personal de hostelería:**

En hostelería en general y máxime en el restaurante se está cara al público, de pie durante horas, trabajando en equipo y a veces contra reloj; por eso los trabajadores han de demostrar unas cualidades que definen su valía para esta profesión. Algunas de esas cualidades se adquieren si se tiene **interés por la profesión**; hay otras que pertenecen a la naturaleza de las personas, pero que se pueden cuidar y potenciar adecuadamente o desaprovecharlas.

En un entorno cada vez más digital, el cliente sigue agradeciendo, y no hay que perderlo, el trato directo del/la camarero/a. Por lo que un buen nivel intelectual ayuda en la comunicación y en la imagen; el interés por la profesión influye positivamente en realizar bien y con ganas el trabajo; y la rectitud moral transmite siempre confianza y respeto.

Cualidades físicas	Nivel intelectual	Rasgos profesionales	Cualidades morales
Resistencia	Buen nivel cultural	Querer trabajar en hostelería	Honradez
Imagen física	Memoria	Formación adecuada	Discreción
Salud	Conocimiento de idiomas	Aceptar jerarquías	Seriedad
Agilidad corporal	Lenguaje estándar y expresión correctos	Amabilidad, empatía y cortesía	Compañerismo
Habilidad manual	Habilidades digitales	Responsabilidad	Voluntarioso/a
Fuerza	Relacionar conceptos	Pulcritud, sentido del orden	Transmitir seguridad
Pulcritud	Querer aprender	Psicología con el cliente	Respetar a los demás

> *Estas cualidades se pueden resumir en una expresión: «Saber ser, saber estar, saber saber», por ese orden, que puede ser lema para cualquier trabajador y sobre todo para quienes lo hagan en equipo (la brigada de servicio), dentro de un organigrama (los departamentos del restaurante) y cara al público (los clientes).*

2.3. Importancia de la percepción del cliente

* Qué se entiende por percepción:

  La percepción es el proceso de **conocer** a través de las impresiones que comunican los **sentidos**, o sea, lo que **entra por los sentidos**. Es algo subjetivo, por lo que cada cliente o grupo identificable tendrá su propia percepción del establecimiento según su estilo de vida, su nivel cultural y económico, y según sus intereses y apetencias.

  Algo muy frecuente en los locales de hostelería es que la **clientela habitual** representa un 70 % del conjunto de la clientela total. Este dato solo se ve modificado a la baja en locales de zonas turísticas o en locales cautivos, donde la clientela consume en momentos puntuales (cafetería de un tanatorio u hospital).

* Qué es lo que espera el cliente y qué es lo que percibe:

  Para conseguir que un cliente se convierta en habitual, su percepción del local tiene que cumplir todas sus expectativas:

- **Local acogedor:** decoración, comodidad de las sillas, espacio, temperatura, la luz, la música ambiental, la gama cromática del establecimiento.

- **El servicio:** el trato diligente por parte del profesional de sala, la empatía, capacidad memorística para recordar los gustos del cliente, el conocimiento para asesorar respecto a la oferta gastronómica del local, si este lo demanda.

- Una **oferta gastronómica:** que cumpla con las expectativas del cliente, sobre todo en la relación calidad/precio que al final es el motor de venta de cualquier oferta gastronómica.

- **La higiene:** un local limpio da seguridad alimentaria. El más mínimo descuido puede provocar una ausencia segura de ese cliente para siempre.

- **La comparación positiva:** el cliente conoce otros locales, compara y elige el de su interés.

• **Objetivo del establecimiento:**

El local debe plantearse conseguir una **concordancia** entre las expectativas del cliente y su percepción de la realidad. En las expectativas del cliente no es posible influir *a priori,* son muy variadas, incluso las del mismo cliente según diferentes circunstancias personales. Hay que agradarle en cada momento con un **servicio rápido, esmerado y correcto.** Esto es real y el cliente lo percibe con bastante objetividad.

> *Lo que el cliente percibe a través de los sentidos debe resultarle agradable y atractivo. El establecimiento y los trabajadores, por lo tanto, deben preocuparse por dar la mejor imagen y servicio de calidad.*

2.4. Finalidad de la calidad del servicio

Para realizar un servicio con la máxima calidad y conseguir que el cliente salga satisfecho del establecimiento, existen unas normas básicas durante el servicio basadas en dos aspectos fundamentales:

a) El **cliente** debe de sentirse lo más **cómodo** posible. No hay que molestar ni interrumpirle a la hora de servir. Debe ser un servicio cordial y educado en todo momento, el único protagonista es el cliente.

b) El/la **camarero/a** debe de adoptar la **postura** más **cómoda** posible, para que el servicio lo pueda realizar de manera natural, que, como consecuencia, ha de ser la manera más elegante y correcta (sin distorsiones, ni posturas forzadas). Por ejemplo: cuando se dice que el desbarasado de la mesa se debe realizar por la derecha del cliente, es porque la manera más fácil y cómoda de coger un plato es con la mano derecha (si se es diestro), y por lo tanto, la manera más sencilla será ir por la derecha del mismo.

La **calidad en el servicio** es una parte fundamental en el proceso de venta del establecimiento. Todos los departamentos existen, precisamente, para atraer clientela, vender y rentabilizar el restaurante. Pero el **contacto directo con el cliente** lo tiene el personal de servicios, que debe vender lo que otros han hecho, empleando sus habilidades y conocimientos.

Las empresas mejoran la calidad del servicio:

- Cuantificando **puntos fuertes** y estudiándolos para su permanencia o darle mayor relevancia, ya que tienen éxito.

- Estudiando y cuantificando **puntos débiles**: para subsanarlos y/o modificarlos.

- Realizando mediciones o **cuantificaciones**: mediante encuestas, comandas, facturación (se cuantifica perfectamente lo de mayor y menor éxito, lo más ventajoso…).

- Aplicando **programas de Calidad** específicos y anunciando su consecución: ISO 9001, la **Q** de Calidad Turística, etc.

> *La finalidad de la calidad en el servicio es **transmitir a los clientes** que el establecimiento es fiable y pasa controles de organismos superiores que obligan a mantener y mejorar esos niveles de calidad.*

2.5. La fidelización del cliente

En marketing este concepto se refiere a que un público determinado permanece fiel a la compra de un producto de forma continua o por periodos. Fidelizar un cliente en el restaurante es conseguir que ese cliente consuma asiduamente en el establecimiento. Se refiere, por lo tanto, a las acciones que realiza la empresa para mantener vínculos con sus clientes, consiguiendo que lo que gasten en comer y beber fuera de casa lo hagan en ese local.

- **Acciones dirigidas a la fidelización de clientes en hostelería:**

  Registros informativos:

  En una empresa de hostelería, la satisfacción del cliente es un valor principal, y hay que conseguir que cada venta sea el principio de la siguiente.

Para lograr ese fin la empresa realiza y mantiene unos registros sencillos, que le permiten hacer una valoración de la frecuencia y expectativas del cliente.

Registros	Número de clientes	Datos de facturación.
	Número de mesas vendidas	Datos de facturación y reservas.
	Cuestionarios de satisfacción	Datos expresados por el cliente.

Figura 2.2. Registros informativos.

A través de la facturación de comandas, se sabe el número de clientes en el periodo elegido y el número de mesas vendidas (diferente número de comensales en cada una). También ayuda la reserva previa.

Los cuestionarios de satisfacción los rellena el propio cliente al finalizar el servicio; por lo tanto, es algo subjetivo de cada uno, pues realiza la valoración después de haber consumido y depende mucho de las expectativas con las que llegó al establecimiento. De ahí que las memorias de los clientes jueguen una mala pasada cuando la calidad de la oferta varía mucho de una vez a otra, o el trato recibido, o la ambientación. Según un principio básico en hostelería, lo más importante (dentro de lo correcto) no es hacerlo ni bien ni mal, sino siempre igual.

Valoración de la competencia:

El cliente habitual puede dejar de serlo si por algún motivo puntual va a otro establecimiento y percibe mejor trato, oferta, horario... Repetirá en ese segundo local, y el primero pierde un cliente fiel.

Hay que realizar un estudio de valoración de la competencia del entorno, fijarse en la oferta, atención y precios.

Hay que distinguirse de la competencia y mejorarla. La política de precios es importante, pero también el ambiente, la higiene, la oferta de comida y bebida, y sobre todo el personal.

Cuidar al cliente habitual:

El cliente habitual supone el porcentaje más elevado de todos los clientes que pueda tener un establecimiento. Cada cliente es distinto y debe ser tratado con corrección según su perfil.

El cliente habitual es un valor seguro como cliente fiel, pero hay que mantenerlo con varios atractivos, definiendo un plan de beneficios:

— Promociones y atenciones especiales.

— Hacerle beneficiario de ofertas, suscripciones, tarjeta VIP.

— Puntos por visita o por platos consumidos.

— Invitaciones: catas promocionales, cursos...

— Atenciones /felicitaciones el día del cumpleaños.

— Trato personalizado y correcto.

— Oferta de buena calidad/precio.

- **Técnicas de apoyo para la fidelización de clientes:**

  Se sabe que un cliente habitual o un cliente fidelizado es seis veces más interesante para el negocio que el nuevo cliente que solo va uno o dos días. Para lograr ese interés las empresas emplean sistemas de apoyo prediseñados por el marketing empresarial:

  - **Aplicación de IA como un CRM** (*Customer Relationship Management*). Se trata de una herramienta *software* con un sistema de administración de relaciones con los clientes potenciales y existentes. Les avisa de ofertas, eventos, noticias de interés..., manteniendo el contacto con la clientela.

    Existen diferentes marcas de CRM en el mercado adecuadas a cada tipo o tamaño de negocio.

  - *Focus group,* o sesiones de grupo: reuniones con pequeños grupos de clientes sobre temas del establecimiento en vistas a planes de mejora y mantenimiento de la clientela.

  - **Paneles** de clientes: de manera periódica algunos clientes aconsejan sobre la atención y demás aspectos de la oferta del establecimiento.

  - **Club de clientes:** crea sensación de pertenencia a la empresa por medio del club relacionado.

  - *Community manager:* figura que se encarga de actualizar y potenciar las redes sociales del establecimiento.

  - **La página web:** el restaurante tiene ahí su escaparate más rápido que además facilita al cliente habitual la difusión de su local de preferencia. Hay que mantener y actualizar la página periódicamente.

  - **Las redes sociales:** Facebook, X (antigua Twitter), Instagram, etc., que conviven y comunican inmediatamente cualquier aspecto del establecimiento y su repercusión.

  - **Plataformas digitales:** para reservas, opiniones, valoraciones..., dan mucha visibilidad al negocio.

  - **Publicaciones en los medios:** prensa, radio, televisión, publicidad.

2.6. Perfiles psicológicos de los clientes

Es proverbial el don que tiene un/a buen/a camarero/a para atender a diferentes clientes de una manera correcta y profesional, captando con hábil capacidad de observación su manera de ser y expectativas. El/la camarero/a aplica un tratamiento adecuado a cada perfil psicológico de cliente tipo, adaptándose a su carácter y previendo sus deseos.

Tipos de cliente	Perfil psicológico	Tratamiento recomendable
Cliente lento	No tiene prisa. Tarda en realizar sus consumiciones y retarda el ritmo del servicio.	No hay que apurarle. Se intenta mantener el ritmo con educación.
Cliente indiferente o distraído	La oferta gastronómica no le importa demasiado, sino las relaciones sociales que frecuenta en ese local.	Trato de preferencia pues consumirá lo que le ofrezca el camarero o lo que decida el grupo, pero es cliente habitual.
Cliente reservado	Quiere pasar desapercibido, en un lugar discreto, que no se diga en alto su pedido, no es conversador ni protesta, pero si no queda satisfecho, no vuelve.	Se le atiende con mucha corrección y pocas palabras apoyadas en comunicación no verbal, tono de voz suave.
Cliente dominante	Toma las riendas y decide por toda la mesa. Es exigente, le gusta el protagonismo y cree que siempre tiene razón.	Atención muy educada pero sin conversación, lo mínimo, para no dar pie a discusiones.
Cliente indeciso	Le cuesta tomar decisiones sobre el pedido, necesita tiempo, pero sus dudas no se solucionan pronto.	Es mejor aconsejarle bien y pronto para no perder más tiempo con sus dudas, y decirle que él ha hecho buena elección.
Cliente vanidoso	Engreído, presume de saber mucho sobre comida y bebida. Se da mucha importancia.	Le gusta que se alabe mucho las peticiones que realice. Lo mejor es darle la razón.
Cliente desconfiado	Duda mucho ante las sugerencias que se le proponen, necesita visualizarlas porque piensa que son malas.	Lo que se le recomiende ha de estar en muy buenas condiciones para vencer su desconfianza.
Cliente preciso	Buscador de fallos y errores para quejarse. Le pone peros a todo.	Hay que explicarle muy bien la oferta, ingredientes, precios. No cometer errores y dedicarle trato exquisito, sin llevarle la contraria.
Cliente locuaz	Le gusta mantener conversaciones con el personal de sala y sentirse especial. Absorbe mucho tiempo.	Trato cordial y amable, intentando que comprenda que hay más clientes. Cuando se pueda se le escucha más tiempo. Va a ser un cliente fiel.
Cliente impulsivo	No reflexiona, consume por impulsos, cambia de idea si tiene confianza en quien le oriente.	Fácil de convencer, para vender algo que interese.

El/la camarer/a se comunica directamente con clientes de diferente personalidad. Y se les trata de forma adecuada a su psicología; la educación y respeto, el tono de voz, las buenas formas son imprescindibles con todos.

2.7. Objeciones durante el proceso de atención

Durante todo el proceso de atención a los clientes con frecuencia exponen o indican al/la camarero/a alguna objeción o queja relacionada con:

- La atención personalizada es requerida directa o indirectamente por todos: el saludo, respetar las reservas, el acompañamiento...

- El ritmo del servicio: lento, esperas entre plato y plato, o demasiado rápido para *doblar*[49] mesas.

- La temperatura de la comida y de la bebida: comida que ha enfriado, o bebidas sin los grados adecuados a cada una, o sobre el agua (fría o del tiempo).

- El punto de sal: un despiste en cocina puede provocar una objeción seria y una devolución del plato.

- Los puntos de cocción: el «casi crudo» gusta a algunos clientes, pero a otros les repugna; o comidas que se han pasado de cocción.

- Inexactitud de la oferta o de la elaboración: paella de mariscos con solo una o dos especies, o el arroz pasado o pastoso...

- Ausencia de algún elemento necesario en el marcaje de mesa: falta una copa, servilleta, cubiertos...

- Material mal repasado: con residuos (comida, café...), manchas...

- Ruido, música, voces: el ruido de los propios trabajadores voceando sus mensajes, hablando con otros mientras sirve al cliente; o la música elevada...

- Temperatura del local, corrientes de aire...

- Precios: sobre todo en relación con el tamaño de las raciones.

Las objeciones o quejas que plantee el cliente son una manifestación de insatisfacción y recaen siempre sobre el/la camarero/a que le atiende o sobre el *maître*. La actitud adecuada es el **autocontrol, empatía y asertividad** para encauzarlas. Buscar

---

[49] *Doblar* en el argot hostelero es vender la misma mesa al menos más de una vez a diferentes clientes y durante el mismo servicio (comidas, cenas). Ejemplo: La mesa cinco se ocupó dos veces durante la comida, una con cuatro clientes y la otra con seis.

solución cuanto antes si son ciertas y si la objeción es por despiste (porque no ha visto el cubierto que reclama...) o por su particular gusto (punto de sal...), se le explica educadamente y se le facilita la reposición o el cambio de plato. Si la objeción la realiza al final del servicio, no se discute y se le asegura que la próxima vez estará a su gusto y se le ofrece algún detalle de cortesía (café, cava, chupito...).

Las objeciones o quejas recaen siempre sobre el/la camarero/ra que debe buscar solución rápida y educada para que no lleguen a protesta o reclamación.

2.8. Reclamaciones y soluciones

Una reclamación es una solicitud de exigencia de un derecho y suele producirse cuando el cliente considera que no ha recibido los servicios que contrató o que no eran de la calidad que esperaba.

2.8.1. Las hojas de reclamaciones

Son un medio que la Administración pone a disposición de los clientes o usuarios para que puedan formular reclamaciones ante la Dirección General de Turismo, organismo que regula los establecimientos turísticos entre los que se encuentran los restaurantes. Se mantiene la **legislación** según el RD 2199/1976. Sirven para denunciar unos hechos, pero para sancionar al denunciado se requieren pruebas que acrediten la infracción y que debe realizar la Inspección de Consumo.

- Actualmente cada comunidad autónoma regula la normativa de las reclamaciones y dispone su formato.

- Los establecimientos deben poner a la vista cartel informativo de la existencia de esas hojas, y al menos en español, francés e inglés.

EXISTEN
IL Y A
THERE ARE
HOJAS DE RECLAMACIONES
FEUILLES DE RÉCLAMATIONS
OFFICIAL COMPLAINT FORMS
A DISPOSICIÓN DEL CONSUMIDOR
DISPONIBLES POUR LE CONSUMITEUR
AT THE CONSUMERS REQUEST

Figura 2.3. Ejemplo de cartel de hojas de reclamaciones.

- La hoja es un juego unitario de impresos: original blanco, dos copias, una rosa y otra verde. Las instrucciones vienen en español, francés, inglés y alemán.

- Para formular una reclamación el cliente tiene que:

  — Solicitar las hojas de reclamaciones en el establecimiento.

  — Cubrir todos los datos y exponer en el lugar reservado para ello el objeto de su reclamación, lo más detallado posible.

  — Enviar la copia blanca a la Administración correspondiente (acompañada de pruebas y documentos, sobre todo facturas), entregar la copia rosa a la empresa y conservar la verde como justificante.

- Si tarda en entregarla más de un mes desde la fecha consignada en las hojas, no será admitida a trámite.

- La empresa tiene un plazo de diez días hábiles a partir del día siguiente a los hechos para alegar lo que estime conveniente.

- Se sanciona económicamente la inexistencia de hojas de reclamaciones.

2.8.2. Las soluciones

En primer lugar, tomar unas **medidas preventivas** para evitar la formulación de la reclamación oficial. Con frecuencia el cliente comienza por una queja directa al establecimiento.

- Una buena atención de las reclamaciones por parte de los empleados y responsable: un cliente enfadado es mala publicidad.

- No ignorar las quejas previas. Demostrar respeto al cliente y escucharle.

- Examinar los hechos practicando la empatía.

- No discutir con el cliente.

- Descubrir las expectativas del cliente, saber qué solución desea.

- Ofrecerle varias alternativas, siempre de acuerdo con él.

- Seguimiento de la acción por parte de la misma persona que recibió la queja.

En segundo lugar, tomar **medidas correctivas**:

- Analizar los hechos y averiguar si el cliente tiene razón.

- Si la tiene, hay que dársela, pedir disculpas y subsanar el error.

- Si ya es inevitable (comida en mal estado, reserva sin guardar...) se le ofrece, sin coste, un producto sustituto de mejor calidad (plato a su elección, mesa vip, botella de cava, próxima invitación de la casa...), y tomar buena nota de estos ofrecimientos, deben ser muy evidentes.

- Si, a pesar de todo, la reclamación sigue su curso: no enfadarse con el cliente, al contrario, despedirle cordialmente.

- Presentar las alegaciones antes de diez días, incluyendo los ofrecimientos de mejora que el cliente rechazó, y mencionado que en todo momento se le trató con cortesía.

> *Empatizar con el cliente es fundamental, aun en las peores situaciones como la de las quejas y reclamaciones. Hay que intentar que la reclamación no siga adelante por la mala imagen que puede dar al restaurante.*

2.9. Protección de consumidores y usuarios: normativa aplicable en España y la Unión Europea

Las empresas de hostelería, como prestadoras de bienes y servicios, están sometidas, como otras empresas comerciales, a una normativa y legislación que regulan y controlan la calidad de los servicios prestados, protegen a los clientes y establecen los mecanismos necesarios para dirigir reclamaciones y dirimir sobre ellas.

2.9.1. Protección ante el consumo

El texto refundido de la «**Ley General para la Defensa de los Consumidores y Usuarios y otras leyes complementarias**», RD 1/2007, de 16 de noviembre, regula toda la normativa relacionada con la seguridad del consumidor. Tiene 165 artículos y adapta la normativa de consumo a la Directiva 2011/83 de la Unión Europea.

Según esta Ley General, «El consumidor o usuario es la persona física o jurídica que actúa en un ámbito ajeno a una actividad empresarial o profesional, interviene en las relaciones de consumo con fines privados contratando bienes y servicios como destinatario final sin incorporarlos ni directa ni indirectamente en procesos de producción, comercialización o prestación a terceros».

En cada comunidad autónoma existe una **Dirección General del Consumo**, que regula la normativa de la Ley General en su territorio.

Toda la legislación está contemplada dentro de la normativa de la Unión Europea. «Todos los ciudadanos son consumidores y la Unión Europea vela por proteger su salud, su seguridad y su bienestar económico».

Para ello entre otros organismos existe la **Red de Centros Europeos del Consumidor CEC,** cuyos objetivos son:

- Facilitar información, para que los ciudadanos puedan comparar bienes y servicios.

- Responder peticiones directas de información por parte de los consumidores.

- Ayudar y apoyar a los consumidores en sus contactos con el comerciante, con motivo de una denuncia.

- Ayudar, si es necesario, a los consumidores en un litigio.

Todos los Estados miembros disponen de un punto de contacto nacional perteneciente a la red CEC.

2.9.2. Protección de datos

La normativa de protección de datos en hostelería está regulada por el **Reglamento General de Protección de Datos** (RGPD) de ámbito europeo que, en España, se recoge en la **Ley Orgánica 3/2018 de Protección de Datos y garantía de derechos digitales** (LOPD), modificada por la **Ley Orgánica 7/2021 de Protección de datos personales.**

Esta normativa es de **obligado cumplimiento** para todos los establecimientos de hostelería en todas sus categorías.

Se entiende por dato personal todo dato informativo capaz de hacer identificable a una persona.

Los datos de clientes, trabajadores y proveedores están protegidos por la ley para evitar su uso fraudulento.

En los establecimientos hosteleros se obtienen datos muy sensibles:

- **Datos personales de clientes,** desde el momento de una reserva: nombre, teléfono, domicilio, DNI…

- **Datos de la TPV:** al pagar con tarjeta, Bizum o con otros dispositivos, quedan registrados datos, consumos realizados…

- Datos a través de **redes sociales, página web, correo electrónico…**

- Cámaras de **videovigilancia:** obligación de informar con cartelería de protección de datos según la normativa.

- **Datos de trabajadores de la empresa:** nóminas, contratos, referencias personales… Por otra parte, todo el personal debe cumplir un compromiso de protección de la privacidad de los clientes mediante acuerdos de confidencialidad.

- **Datos de los *curriculum vitae*** que llegan a la bolsa de trabajo de la empresa.

- **Datos de los proveedores**: de carácter personal, económicos…

En cada caso, el Reglamento de Protección de Datos alerta de la obligatoriedad de consentimiento expreso de los interesados para el uso de sus datos.

No se pueden publicar datos relativos a filiación sindical, datos genéticos, biométricos (huellas dactilares, de voz, escaneos del iris…), de la salud, vida y orientación sexual…

La **Agencia Española de Protección de Datos** hace cumplir la LOPD. Ejerce el control sobre las normas, vela por la confidencialidad de los datos, informa al usuario sobre sus derechos a la privacidad y aplica **sanciones económicas importantes** a quienes incumplan la normativa.

El cliente está protegido por la Ley General para la defensa de los Consumidores y Usuarios, *por organismos como la* Dirección General del Consumo *en cada comunidad autónoma, y en la UE por la* Red de Centros Europeos de los Consumidores CEC. *El cliente está amparado por el* Reglamento General de Protección de Datos *y por la* LOPD, *modificada por la* Ley Orgánica 7/2021 de protección de datos personales.

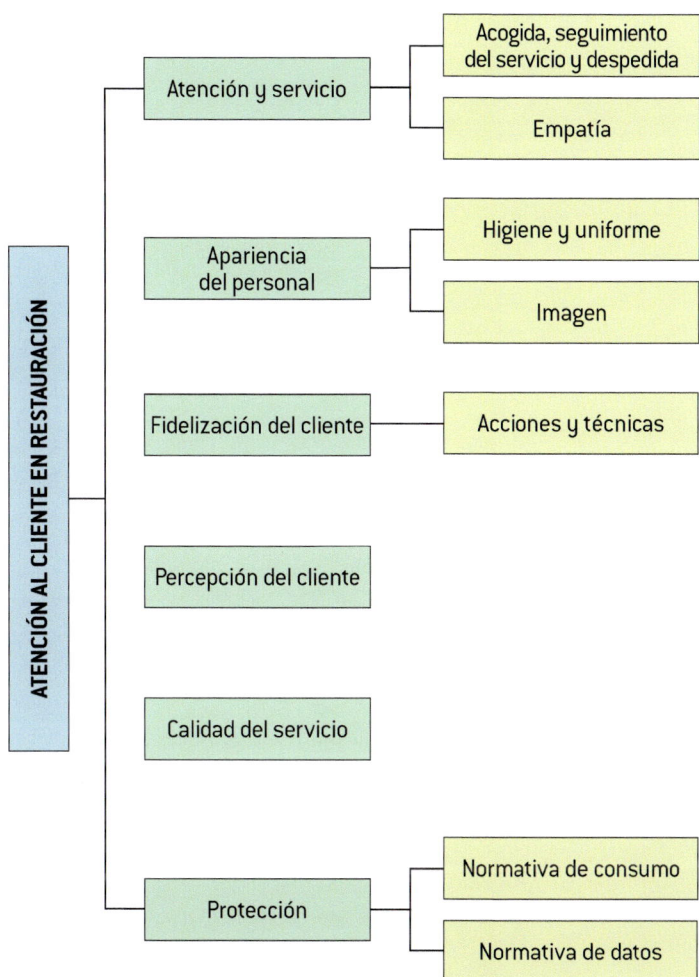

Figura 2.4. Atención al cliente en restauración.

Actividades finales

2.1. Completar:

- El cliente suele ser recibido y despedido por el ....
- El personal de hostelería debe llevar el pelo ....
- El uniforme de trabajo es para utilizar solamente en ....
- Para dirigirse al cliente hay que tratarlo siempre de ....
- **La atención al cliente comienza** ....

2.2. ¿En qué momento y de qué manera se entrega la factura al cliente?

2.3. Diferencia entre queja y hoja de reclamaciones.

2.4. Citar algunas acciones de las empresas para mejorar la calidad del servicio.

2.5. Anote si son verdaderas (V) o falsas (F) las siguientes afirmaciones:

- No se debe fumar ni beber durante el servicio ni antes de iniciarlo ....
- El uniforme ha de estar limpio y planchado ....
- Las cartas se presentan cerradas al cliente para que sea él quien las abra a su gusto ....
- La acogida al cliente no es tan importante como el servicio en mesa ....
- El cliente habitual no necesita un trato especial porque ya es un cliente seguro ....
- Se debe facilitar al cliente que se lleve el sobrante que no haya consumido ....

3. La comunicación en restauración

Introducción

La comunicación es un instrumento muy importante en la política de ventas en empresas de servicios como es la hostelería, donde el personal está en contacto directo con el cliente.

Por medio de la comunicación se atiende al cliente de forma personalizada y se le transmite empatía y profesionalidad.

El personal ha de estar preparado para responder la demanda informativa del cliente: detalles de la oferta gastronómica, del establecimiento o cualquier duda. Con una buena comunicación el cliente percibe un servicio de calidad.

Los tipos de comunicación pueden clasificarse desde varios puntos de vista:

- Desde el punto de vista empresarial:
  - Comunicación externa: pretende transmitir la imagen del establecimiento.
  - Comunicación interna: básica para una buena coordinación del equipo, es la que se produce dentro del establecimiento, entre los trabajadores y directivos. Puede ser ascendente (desde los trabajadores a dirección) y descendente (desde dirección a los trabajadores).
- Desde el punto de vista personal:
  - Comunicación verbal.
  - Comunicación no verbal.

Contenido

3.1. La comunicación verbal. Mensajes facilitadores

Comunicarse verbalmente es transmitir e intercambiar información y mensajes entre personas, todo lo lo que se expresa por medio de palabras. Puede hacerse directamente mediante la voz, de forma escrita, por teléfono por correo electrónico, WhatsApp, redes sociales… Pero en hostelería lo más habitual es la comunicación mediante el empleo de la voz.

- Hay que tener en cuenta unas **reglas** al comunicarse con los clientes:
  - **Saludar al cliente al llegar** con calidez: hará que se sienta bienvenido. El saludo de «buenos días», «buenas tardes» o «buenas noches» es algo inherente al oficio en el restaurante.

  - **Saludar al cliente al marchar,** la despedida: el «muchas gracias», «hasta otro día», seguido del «buenas tardes» o «buenas noches»…

  - **Ser precisos**: no utilizar frases como «haré todo lo que pueda», pues el cliente no sabe «todo lo que podemos».

  - **No omitir detalles**: parece obvio, pero el cliente está fuera de su casa y debe sentirse incluso mejor que en su domicilio.

  - **Pensar antes de hablar**: pensar lo que se va a decir ayudará a transmitir bien el mensaje.

  - **Atención**: escuchar atentamente para entender lo que solicita el cliente.

  - **Discreción**: no interferir abiertamente en sus deseos ni conversaciones. Amabilidad en el tono de voz.

  - **Corrección** en las expresiones: buena utilización del lenguaje, evitar expresiones desagradables o malsonantes. Es muy frecuente cometer incorrecciones en la expresión, tanto hablada como escrita: «subir arriba», «bajar abajo»… Hablar correctamente es otro síntoma de pulcritud. Con el lenguaje adecuado siempre se pueden suavizar situaciones tensas.

  - **Evitar negaciones**: es muy conveniente evitar expresiones negativas, frases que incluyan el *no* (del tipo «no hay», «no queda», «no puedo»), connotaciones de negatividad («estamos sin», «imposible», «ni idea»), connotaciones de obligatoriedad («tiene que», «debe esperar», «ha de»).

  - **Evitar vulgarismos***:* palabras mal dichas, los más frecuentes son simplemente errores lingüísticos (palabras incorrectas) que se cometen por ignorancia.

Expresiones habituales «incorrectas»	Expresiones alternativas correctas
Tiene usted que disculparme.	Le ruego que me perdone.
No me ha entendido bien.	Seguramente me he explicado mal.
Es imposible que lo diga usted en serio.	¿Lo dice usted en serio?
Eso es imposible.	A primera vista parece difícil.
Eso no lo puedo creer.	Me sorprende muchísimo.
Si le voy a ser sincero...	Puede estar usted seguro.
No damos abasto, no podemos más...	Hemos tenido una carga de trabajo inesperada.
Puedo demostrarle que...	La experiencia dice.
Tendrá usted que tener paciencia.	Tendrá usted tiempo hasta que...
¿Qué otra cosa se podría esperar de él?	¿Es posible aún que cambie?
Está equivocado.	Quizá ha entendido mal o yo no me expliqué...
Eso es una sarta de disparates.	¿Está seguro de lo que dice?

Figura 3.1. Expresiones incorrectas y su alternativa.

- **Expresiones ineludibles** en todas las comunicaciones en el restaurante y deben estar siempre dispuestas. Si no se pronuncian, se echarán mucho de menos:

  — **«Por favor»**: precede a cualquier petición; al indicar un lugar al cliente (la mesa, el baño, etc.); al tratar con jefes y compañeros.

  — **«Gracias»**: se pronuncia tras recibir algo; tras recoger algún objeto o prenda de ropa, cuando el cliente facilita el trabajo; en el saludo de despedida; suele acompañarse del determinante intensivo «muchas» («muchas gracias»).

  — **«Disculpe» o «Perdón»**: para iniciar el contacto al preguntar, al marcar el servicio, al desbarasar, al servir, ante cualquier fallo (tropezar, volcar algo).

- El trato: *tú* y *usted*

  Un consejo general es utilizar el *usted* con todos los desconocidos, con las personas recién presentadas, con las de especial respeto por su categoría social o profesional.

  El **tuteo** hoy día es muy habitual en la mayoría de las situaciones. Pero en hostelería **no debe utilizarse nunca con el cliente,** aunque este tutee a quienes le sirvan. Es una práctica habitual, aunque las normas expresan «que no es correcto tutear a camareros, taxistas, camareras de piso» porque es de mal efecto tutear a personas que por razón de su profesión deban contestar empleando el *usted*. Con el *usted* siempre se cumple, y se evita el bochorno de que algún cliente llame la atención o se queje al empresario.

Si algún cliente o jefe quiere que se le tutee, lo dirá con insistencia. A la primera indicación, debemos mencionar nuestra condición de profesionales respetuosos, y solo lanzarse al tuteo si insisten y en privado, es decir, nunca ante terceras personas.

- **Actitudes que facilitan la comunicación entre los trabajadores de hostelería**

  La actitud de las personas de sala se refleja en todo el proceso de comunicación con los clientes y con el equipo. Se debe tener en cuenta:

  — El **contacto visual**: dirigir la vista al cliente al hablarle.

  — El **tono de voz**: un tono medio, audible y agradable.

  — La **escucha activa**: consiste en poner todos los medios para entender lo que dice el interlocutor.

  — El *feedback* **positivo**: *feedback* significa «retroalimentación» o dar respuesta. El mensaje puede ser alterado por algún tipo de barrera o ruido y condiciona la interpretación por el receptor, que completa el proceso con la respuesta o reacción (*feedback*) al mensaje enviado. En el caso del restaurante, es positivo si se sabe interpretar o completar lo que el cliente comunica.

  — Las **siete C de la comunicación**. Para que una comunicación sea efectiva, tiene que ser: clara, concisa, concreta, correcta, coherente, cortés y completa.

Para conseguir la mejor transmisión del mensaje, hay que mantener unas formas y evitar otras:

BIEN 🙂	MAL ☹️
Escuchar	Hablar Siempre
Responder	Cerrarse
Ser paciente	Enojarse
Respetar	Imponer
Empatía	Incomprensión
Igualdad	Superioridad
Sinceridad	Suspicacia
Asertividad	Actitud agresiva o pasiva
Autocontrol	Malas formas

El saludo, las expresiones de «por favor», «disculpe», «perdón», «gracias» y evitar el tuteo son expresiones inherentes al perfil de los trabajadores de restaurante.

3.2. La comunicación no verbal

Las palabras son un canal importante para comunicarse, pero necesitan estar acompañadas de **gestos** (comunicación gestual) que corroboren lo que se dice. Se trata de unas señales que colaboran a la transmisión del mensaje. Con frecuencia sustituyen a las palabras (asentir o negar con la cabeza).

La mayoría de los mensajes que transmitimos no son verbales, en torno al 65 %: sentimientos, pensamientos, negación, afirmación, duda, estar o no de acuerdo...

* Gestos:

   La expresión facial: transmite emociones básicas, felicidad, interés, aburrimiento, alegría, tristeza, sorpresa, disgusto, enfado (entrecejo fruncido); en el trato con el cliente interesa la **sonrisa** porque predispone a un mejor entendimiento y acercamiento y además, por suerte, es contagiosa.

   El atuendo y presencia física: definen rasgos de la personalidad. El aspecto cuidado y limpio predispone positivamente al receptor; el descuido en la imagen personal produce dudas sobre el establecimiento y su oferta.

   Las posturas: informan del estado de ánimo y la actitud; brazos en jarras indican desinterés, cansancio o impaciencia; cruzarse de brazos significa apatía; los brazos detrás indican poder y dominio; apoyarse muestra desinterés o falta de respeto; cambiar de postura varias veces durante una conversación indica nerviosismo o tensión; el movimiento de hombros indica desconocimiento sobre algo. Apoyar la cabeza en la mano, tamborilear con los dedos, hacer garabatos, etc., se consideran mensajes de aburrimiento.

   La proximidad: en el trato con el cliente se debe mantener un espacio personal que permita una posición de equilibrio, con respeto y tolerancia evitando excesiva cercanía o distanciamiento.

   Las manos: instrumento fundamental en la comunicación no verbal. Apretar la mano es señal de confianza; poner la mano en la barbilla refleja interés; rascarse tras la oreja significa duda o desconfianza; abrir las manos denota sinceridad; unirlas significa tensión; apoyar la cabeza en la mano es señal de aburrimiento o desesperación.

Los movimientos: son evidencias de los principios básicos de la educación; levantarse para saludar o despedir a una persona, acompañarle a la puerta para salir, etc., significan afecto, cortesía y facilitan la relación.

- Contacto visual:

  La mirada:

  — Si es fija, indica relación afectiva.

  — Acompañada de ciertos gestos faciales o corporales, indica desafío, provocación.

  — Bajar la mirada mientras el cliente habla parece signo de timidez.

  — Si se mira hacia otro lado al hablar, indica inseguridad o desinterés.

  — Hay que mirar al cliente cuando se toma la comanda, observaciones, etcétera.

- El paralenguaje o aspectos no verbales del lenguaje:

  Algunos aspectos no verbales del lenguaje a veces transmiten más información que el propio contenido del mensaje.

  — *Tonos y timbre de voz:* pueden expresar alegría, sorpresa, interés, complicidad...

  — *Ritmos, pausas y silencios:* para reclamar atención, indicar resignación, desacuerdos.

  — *Onomatopeyas:* risa, llanto, suspiros, carraspeo de garganta... transmiten mensaje.

- El valor de la sonrisa:

  — En hostelería hay que tener tacto y psicología para tratar al cliente en todo momento.

  — La sonrisa es una de las bases de la cortesía, de modo que debe acompañar todos los saludos, excepto los pésames.

  — Unas palabras correctas acompañadas de una sonrisa hacen mucho en favor del establecimiento.

  Lo que no es la sonrisa:

  — No debe ser una carcajada.

  — No deben ser risitas por el aspecto, carácter o cualquier otro rasgo del cliente.

  — No debe ser contar chistes al primer cliente que se acerque.

Lo que sí es la sonrisa:

— Un gesto de amabilidad y jovialidad en el rostro.

— Un signo de actitud positiva, ante el cliente y ante el trabajo.

— Un recurso expresivo que apoya y en ocasiones sustituye a las palabras como saludo, como demostración de discreción... y para guardar distancias si resulta necesario.

— Una autoprotección correcta ante algún hecho desagradable o al pedir disculpas por algún error cometido.

• **Lenguaje no verbal positivo en el restaurante:**

Es positiva una serie de apoyos no verbales durante el trabajo en el restaurante. Los camareros están actuando ante el cliente y la profesionalidad debe dejar a un lado el mal día, problemas personales, mal humor, etcétera.

QUÉ HACER	POR QUÉ	CÓMO
Mantener contacto ocular	Favorece la comprensión	• Mirar a los ojos del cliente
	Refuerza la credibilidad	• Mirada limpia y tranquila
	Agrada al cliente	
Gestos de asentimiento	Denota interés	• Asentir con la cabeza
	Transmite entendimiento	• Con las palmas de las manos
	Da confianza al interlocutor	• Expresión facial, sonrisa...
Gestos expresivos	Refuerzan lo que se dice	• Con expresiones del rostro
	Animan la comunicación	• Con las manos
	Sustituyen parte del discurso	• Cuerpo, rostro y manos: ladear la cabeza, alzar las cejas, presionar los labios, mover las manos...
Emplear pausas	Mantienen la atención	• Antes de una enumeración: las recomendaciones, el menú
	Enfatizan la comunicación	• En las descripción de oferta interesante: el plato del día...
	Preparan al receptor	
Apoyo corporal. Proxémica[50]	Mantener distancia social Contacto solo si el cliente lo inicia	• Dar la mano saludando
		• No tocar al cliente (ni codo, ni brazo, ni palmada en el hombro...)

Figura 3.2. Lenguaje no verbal en restaurante.

---

[50] Espacios y distancias que guardan entre sí las personas al comunicarse. Distancia íntima (0-45 cm), distancia personal (46-120 cm), distancia social (120-360 cm).

3.3. La comunicación escrita

La comunicación escrita utiliza signos gráficos sujetos a una normativa fija que rechaza las formas incorrectas del lenguaje. Es independiente de una situación comunicativa directa: el cliente que lee la pizarra exterior con la oferta, aviso, etc., no está hablando con quien la escribió (el autor del mensaje).

La comunicación escrita en restaurante, como en otras situaciones, exige un conocimiento del código: el idioma en que se escribe y sus reglas léxicas, sintácticas y ortográficas.

En el restaurante se comunican mediante texto escrito con:

- **Cartelería informativa:**
  - **Avisos** sobre cualquier circunstancia del establecimiento. El texto es breve pero debe ser correcto, no se puede colgar un aviso con errores ortográficos. Si se pone el de «Cerrado por descanso semanal», es preferible mencionar el día fijo de cierre por ese motivo: «Los martes cerrado por descanso».
  - **Pizarra con la oferta,** suele estar en el exterior y muy visible. El mensaje debe ser breve, con letra legible, sin faltas y la grafía debe mantener un orden en el soporte.

- **Carta:** informa por escrito de toda la oferta del restaurante, por lo tanto, hay que cuidar mucho ese mensaje, aparte de la calidad del soporte papel, el estilo y el marketing:
  - Cuidar la ortografía correcta.
  - Cuidar los nombres de los platos: si alguno tiene nombre regional conviene mantener el original: *marmitako, pa amb tomàquet, all i pebre.*

- **Invitaciones** para eventos, celebraciones, etc., con un protocolo de ordenación del texto. Hay que extremar la corrección ortográfica, sin olvidar los signos de puntuación, ni la sintaxis.

- **Recordatorio de reservas, ofertas,** que puede ser por correo electrónico, WhatsApp. Son comunicaciones breves, pero no por ello exentas de corrección gramatical, máxime para informar a un cliente. No se debe recurrir a las abreviaturas, ni omitir los signos de puntuación y tildes.

- **Libro de reservas:** además de anotar correctamente el nombre y apellidos del cliente que ha reservado, se anotan otros datos como la hora de llegada, el número de comensales y si alguno precisa menú especial. Aunque sean unas líneas hay que cuidar el nivel gramatical por dos cuestiones: porque lo manejan más personas y tienen que entender ese mensaje de reserva y porque, abierto, cualquier cliente que esté reservando, también visualiza lo escrito y sus errores. Las reservas que se realicen digitalmente también se pasan al libro.

- **Comunicación digital:** la página web debe estar actualizada cuidando la corrección ortográfica (idiomas...); los *e-mails,* SMS, WhatsApp con respuesta rápida y lenguaje completo y correcto (idiomas...), asegurando protección de datos. Las redes sociales, *newsletter,* pódcast y los blogs deben tener seguimiento y actualización permanentes, empleando lenguaje correcto y cortés. Hay que cuidar también la comunicación de los *chatbots,* tendencia a emplear programas de IA, que responden automáticamente a preguntas de los clientes. Y la pertenencia a plataformas de reservas (El Tenedor, The Fork...) obliga a mantener una información real y correcta (los consumidores valoran y usan cada vez más estas plataformas).

> *La buena imagen del establecimiento se transmite también por su comunicación escrita (incluso en otros idiomas), que con un nivel estándar del lenguaje, en muchas ocasiones se aproxima al nivel culto.*

3.4. Barreras de la comunicación

Los mensajes entre emisor y receptor a veces no se entienden. Ocurre cuando en el proceso se encuentran con trabas o barreras (se llaman también *ruidos*). Esas barreras impiden la correcta comunicación.

En el restaurante podemos encontrar los siguientes tipos de impedimentos que dificultan la comunicación:

Barreras de la comunicación	Dificultades		
Barreras naturales	**Sobrecarga:** mucha información.	**Símbolos:** confusos, con varios significados.	**Desorden:** abigarramiento, horror al vacío.
Barreras personales	**Desinterés,** apatía, falta de memoria. **Audición** dificultosa.	**Polarización del mensaje:** transmitir/ recepcionar solo parte del mensaje.	**Códigos diferentes:** desconocimiento de idiomas y de protocolo.
Barreras físicas	**Espacios:** pequeños, grandes, incómodos.	**Acústica:** mala acústica, ecos.	**Ruidos:** interferencias, música, motores, conversaciones...

Figura 3.3. Barreras de la comunicación en el restaurante.

Para una correcta comunicación hay que prever todas las barreras posibles. Algunas son de la propia edificación del local, como las físicas que hay que prevenir durante las obras del mismo.

Otras, las naturales de los propios mensajes, se pueden evitar con redacciones correctas y adecuadas a la situación. Los mensajes breves, concretos y atractivos son los que mejor llegan al consumidor.

Las barreras personales son las que mejor se pueden evitar porque dependen del interés y esfuerzo de las personas que trabajan en el restaurante.

> *Prever las posibles barreras de la comunicación y buscar la solución en cada caso facilita el buen ambiente de trabajo y la calidad en la atención al cliente.*

3.5. La comunicación en la atención telefónica

La atención telefónica es un contacto directo en el que no hay presencia física. Con mucha frecuencia es el primer contacto que se tiene con el cliente. En el restaurante es el sistema más utilizado para realizar una reserva y también para recabar información sobre: horarios, el menú, los precios, presupuestos para celebraciones, etc. Y además con el contacto telefónico se suele iniciar el proceso de contratación de comidas de grupo, celebración de eventos... y todo tipo de preguntas relacionadas que solicitan los clientes.

- Estos procesos hoy se apoyan también en la **comunicación telemática,** que sustituye al teléfono para transmitir mensajes e informaciones.

- **Las llamadas entrantes:**

    — Se contestan lo más pronto posible. **No debe sonar más de tres veces.**

    — **Al responder:** se identifica el establecimiento, se saluda, se identifica la persona que habla y se pregunta qué desea: «Restaurante Pavo real, buenos días, le habla Javier (el *maître*... si lo es). ¿En qué puedo atenderle?».

    — **El parlamento** debe ser claro, con **buena dicción,** en **tono afable y articulando y vocalizando** lo que se dice, sin prisas.

    — **Escuchar** con atención lo que dice el cliente, y asegurárselo con frases como «de acuerdo, tomo nota, no se preocupe», etcétera.

Tener a mano siempre el **libro de reservas.** Debe anotarse todo: nombre de quien hace la reserva, fecha y hora, número de comensales...

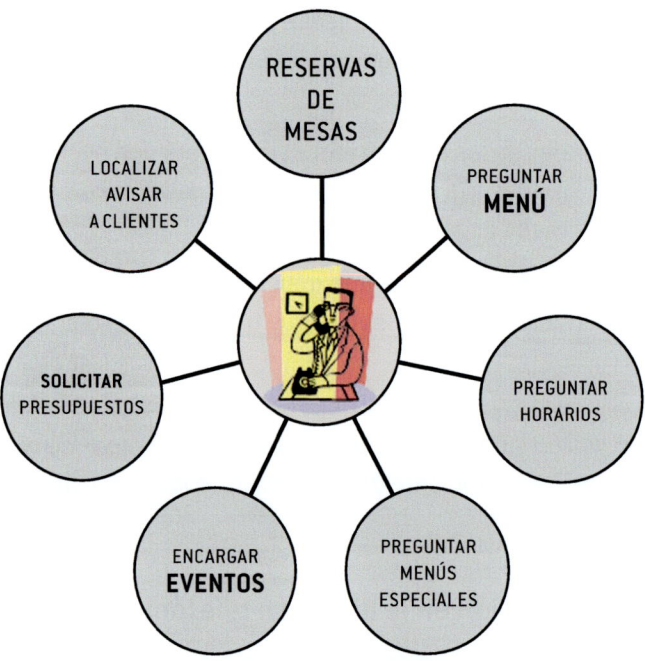

Figura 3.4. Utilidad de la comunicación telefónica en el restaurante.

— Preguntar y anotar si alguien precisa menú especial (alergias, celíacos, vegetariano...), el menú si ya lo encargan, y un teléfono de contacto. Todo se pregunta «por favor» o «si es tan amable», y con un «muchas gracias» al finalizar.

— **Tener a mano,** además, donde anotar otras llamadas que no sean reservas. Y saber o tener información escrita sobre toda la oferta del establecimiento, horarios, sistema de contratación de eventos, etcétera.

— Intentar **sonreír mientras se habla.** Aunque el cliente no nos vea, la voz resulta más agradable.

• **Las llamadas salientes**

— **Antes de marcar,** hay que tener a mano toda la información que se va a transmitir.

— Tener claro el nombre y apellidos de la persona a quien se llama.

— **Al descolgar** se pregunta por «¿Sr. /Sra. Villanueva, por favor?», o por «¿D. /Dña. Manuel/a Villanueva por favor?».

— **Transmitir** el mensaje con naturalidad, modular la voz, amable, sin prisas, vocalizando correctamente, sin afectación.

— **Anotar** todos los detalles de la conversación para poder procesarla después.

— Estar preparados por si responde un **contestador automático**.

— **Despedirse** con cortesía… «de acuerdo, muy amable» y siempre… «buenos días»…

Comunicar bien a través del teléfono, en que no se ven los interlocutores, requiere un dominio del lenguaje oral. En el restaurante son imprescindibles las fórmulas de saludo, la amabilidad y la buena dicción.

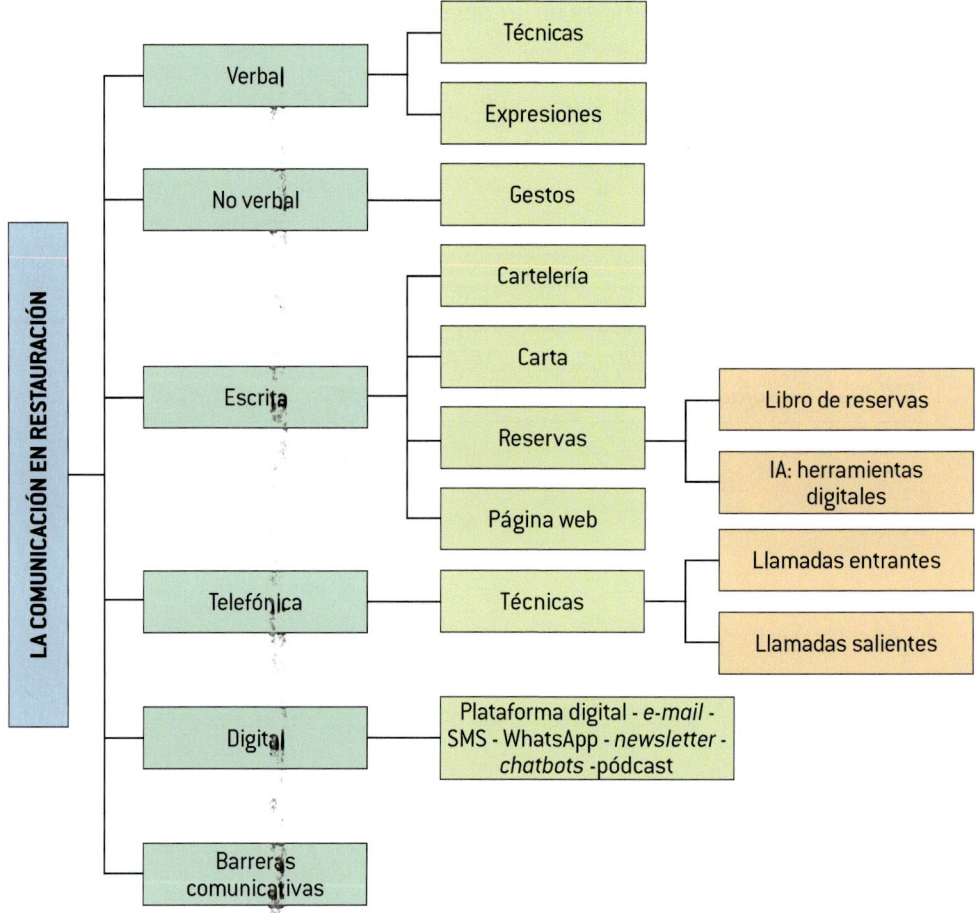

Figura 3.5. Comunicación en restauración.

Actividades finales

3.1. Citar las expresiones ineludibles en las comunicaciones en el restaurante, aquellas que si no se pronuncian se echan mucho de menos:

-
-
-

3.2. Señalar verdadero (V) o falso (F) en los siguientes enunciados:

- Al cliente no hace falta saludarle al marchar ....
- Si el cliente es de confianza, se le puede tutear ....
- Al cliente no se le puede tocar ....
- Hay que mantener contacto visual con el cliente cuando nos habla ....
- El apoyo y manejo de la IA es importante para el desarrollo de la actividad ....
- En la comunicación escrita debe cuidarse la ortografía ....
- La sonrisa y el buen tono de voz son negativos par la comunicación con el cliente ....

3.3. Completar:

- La escucha activa es ....
- La expresión facial es un tipo de comunicación ....
- ¿Por qué medios pueden llegar reservas al restaurante? ....
....
- Al contestar al teléfono hay que tener a mano ....

3.4. Enumerar apoyos de lenguaje no verbal positivos en el restaurante.

3.5. Datos que se deben anotar en el libro de reservas cuando un cliente contacta por cualquier medio para reservar.

4. La venta en restauración

Introducción

Un establecimiento de restauración es un negocio y debe conseguir rentabilidad a través de las ventas. Esto supone ejercer una atracción hacia el cliente con el objetivo de inducirle a decidirse por alguna de las ofertas del establecimiento.

Existen unos indicadores fundamentales para estudiar las posibilidades de éxito de ventas. Es lo que se llama estudio de mercado. Hay que valorar con seriedad:

• La ubicación del establecimiento.

• La competencia más próxima.

• El tipo de público y su demanda.

• La oferta y el servicio que se quiere dar.

Si el negocio está bien planteado, otros aspectos que facilitan la venta son: los empleados, la decoración y ambientación, la calidad de los productos y de las elaboraciones, los precios, la atención al cliente, la oferta complementaria, etcétera.

Contenido

4.1. Elementos claves de la venta

Toda acción y proceso en el restaurante debe llevarse a cabo con la finalidad de vender. Si se pone interés para capacitar a los trabajadores en las técnicas del servicio de alimentos y bebidas, también es muy necesario un aprendizaje en las técnicas de venta.

- **Personal:**

  Es quien realiza la venta y **debe conocer** todos los procesos del trabajo, puesto que delante del comensal no se deben improvisar conocimientos como:

  — La oferta gastronómica.

  — El margen de beneficio de los diferentes artículos.

  — Ingredientes y elaboración de cada artículo en venta.

  Los trabajadores también **deben realizar** adecuadamente:

  — La acogida del cliente, muy positiva, con amabilidad y profesionalidad.

  — Asesoramiento, sugerencias y recomendaciones sobre la oferta, de forma educada y discreta.

  — El seguimiento del servicio.

- **Producto:**

  Es la oferta del establecimiento, lo que se quiere vender. La oferta incluye bienes y servicios. Los **bienes** son algo **material tangible**: comidas y bebidas que se puede degustar, tocar, oler. En general, el producto ha de tener en cuenta:

  — Ser atractivo para el cliente, con una calidad vinculada al precio de la oferta gastronómica que se desarrolle. Por ejemplo, si la vajilla empleada va a representar el treinta por ciento de un plato listo para vender, el setenta por ciento hay que repartirlo entre:

    - La calidad del género (materia prima).

    - La combinación de los sabores: género principal, guarniciones y salsas.

    - Las técnicas culinarias empleadas.

    - La buena conservación de los géneros, según norma higiénico-sanitaria.

  — Vigilar el aprovechamiento de los géneros (el empleo del mismo género para diferentes platos supone menor pérdida en *stock*).

— Controlar los tiempos de elaboración (número de horas de producción, tanto en el preservicio como en el postservicio).

— Prever la estacionalidad del producto: ventaja de trabajar con productos de temporada.

Los **servicios** son algo **inmaterial, intangible,** es decir, no entran por los sentidos de gusto, olfato, tacto, etc. Se trata de la atención que se presta al cliente durante su estancia y consumo en el establecimiento.

Ambos componentes del producto de restauración deben lograr satisfacer las expectativas de los clientes para tener éxito.

- Cliente:

Es quien compra, el consumidor final y objeto de todo el negocio. Sin clientela el establecimiento ha de cerrar. Por lo tanto, hay que conseguir atraerla.

La **satisfacción del cliente** es el objetivo de todo proceso de venta. La dirección y personal deben estar involucrados en este objetivo. No solamente hay que atraer al cliente sino también y muy importante para la permanencia en el negocio es conservarlo, que repita en el establecimiento, lo que se llama **fidelización** del cliente.

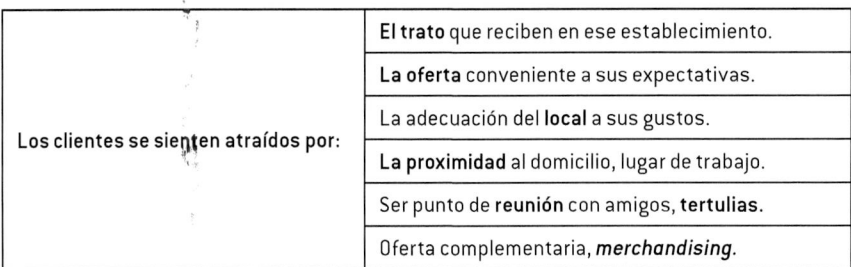

Los clientes se sienten atraídos por:	El **trato** que reciben en ese establecimiento.
	La **oferta** conveniente a sus expectativas.
	La adecuación del **local** a sus gustos.
	La **proximidad** al domicilio, lugar de trabajo.
	Ser punto de **reunión** con amigos, **tertulias**.
	Oferta complementaria, *merchandising*.

Figura 4.1. Atractivos para los clientes.

4.2. Las diferentes técnicas de venta. *Merchandising* para comidas y bebidas

4.2.1. Las técnicas de venta

Sistematizar los **métodos de venta** ha sido una de las preocupaciones de las empresas en los últimos tiempos para formar al vendedor. Un método de la empresa Rank Xerox en 1990 denominado método SPIN (situación, problemas, implicación, necesidad) consiguió situarse bien. Se trata de averiguar las necesidades de los clientes (*situación*), buscar soluciones (a su *problema*), presentar los beneficios del producto (*implicación*), como argumento de la venta y crear así la *necesidad* de compra.

Desde entonces las **técnicas de venta** con más éxito son aquellas que consiguen vender apoyándose en los **beneficios** que consigue el comprador más que en el producto: «No obligue a la gente a beber, haga que tengan sed», dice Elmer Wheeler, asesor de ventas.

Esos beneficios que compra el cliente debe percibirlos también como **ventajas,** es decir, que esté convencido de haber realizado una buena compra.

Los **establecimientos de restauración** son fabricantes de productos y distribuidores a la vez, y la clientela acude al local por propia iniciativa. Por lo tanto, las estrategias comerciales en restaurante dependen del propio **punto de venta,** incluidos los tipos *delivery* y *take away,* de notable aumento provocado por la pandemia.

Los beneficios y la ventaja que ha de percibir el cliente dependen exclusivamente del propio establecimiento. El cliente no compra el pollo, sino que **degusta** una elaboración, obtiene un beneficio gastronómico a la vez que recibe un **trato** exquisito, y **la ventaja** puede ser **física** como la bondad de **la oferta comparada** y, a la vez, solucionar fuera de casa una necesidad que se convierte así en una **ventaja psicológica,** un **divertimento.**

Conviene cuestionarse las ventajas que recibe el cliente, y revisar periódicamente el nivel de afluencia, las horas de mayor consumo, los platos con mejor salida, los que apenas se venden, etc., para rentabilizar las ventas. Hay que contar con las últimas tendencias: las expectativas cambiantes de los clientes, los avances tecnológicos, la rápida implantación de la IA (entre otras ventajas, facilita la lucha contra los *no-shows*), redes sociales, reseñas en Google (animan o no a la captación de clientes), la imagen de restaurante sostenible y saludable... con la necesaria armonía entre tecnología y la interacción humana (al cliente le gusta el trato con personas).

4.2.2. El *merchandising* para comidas y bebidas

Es una parte del marketing que tiene por objeto aumentar las ventas y la rentabilidad. En general, es un «conjunto de objetos en venta o de distribución gratuita, destinados a promocionar un producto o servicio».

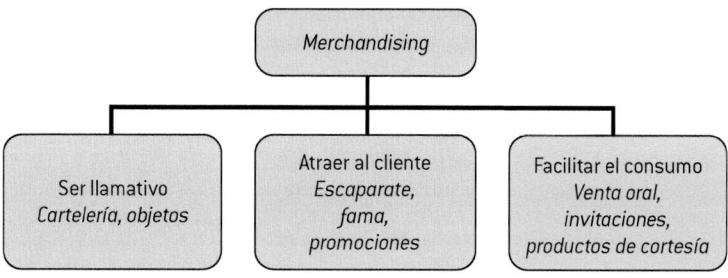

Figura 4.2. Funciones del *merchandising.*

En los establecimientos de restauración:

- Se llama la atención de los clientes con **documentación escrita** bien con **atracción exterior**: pizarras con la oferta diaria, anuncio de jornadas, imagen de marca, actuaciones; y también con **atracción interior**, rótulos, cartas, dípticos con la oferta más representativa.

- Se atrae al cliente con: un **escaparate** de los productos que más interese vender (en lugares visibles, en expositores, vitrinas), local atractivo, y la comunicación **boca oreja** entre los clientes (algo intangible que puede elevar o hundir un negocio), con **productos de cortesía**, con **promociones y descuentos**, con organización de **jornadas gastronómicas, menús temáticos, platos de temporada, restauración activa** (el cliente participa en alguna actividad complementaria como música, baile, servicios de informática...).

- Se facilita el consumo o compra: con la **venta oral** del camarero, con los productos **cortesía de la casa** (pequeños canapés que animan el consumo de bebidas...).

4.3. Fases de la venta

- Preventa:

  Es la fase inicial de la venta, la *mise en place* o puesta a punto del establecimiento. Programar la atención y venta a los posibles clientes es función del *maître,* en virtud de las reservas, si hay, y teniendo en cuenta la capacidad del local, la oferta de cocina (los platos que más interese vender, lo que no hay, etc.) y la tipología de la clientela. En esta fase se desarrollan: limpieza y montaje del comedor, decoración, toma de reservas, revisión de salones, del uniforme del personal, del hilo musical, las cartas y sugerencias del día (hay que vigilar el índice de rotación).

- Venta:

  Esta parte del proceso comienza cuando el cliente ya está en el establecimiento, se le recibe, acompaña, entrega la carta y decide su consumo. En esta fase es muy importante la profesionalidad del personal (acogida y asesoramiento). El **primer cierre de venta** se produce cuando el cliente está próximo a hacer su pedido, y el *maître* contribuye a que la venta se efectúe definitivamente. Con la **toma de comanda** se considera cerrada la venta (o de viva voz o por encargo telefónico previo), porque el cliente ya está convencido de qué va a tomar. Es positivo que el vendedor elogie la buena elección del cliente resaltando sus beneficios y ventajas.

Durante el **seguimiento de la venta** hay que evitar: confusiones en los platos, retrasos en el servicio, que la temperatura del servicio no sea adecuada, que se ignore al cliente.

En la **despedida al cliente** hay que evitar errores en la factura, discusiones, y el *maître* hará una despedida formal y personalizada para que el cliente se sienta especial y vuelva.

• **Posventa:**

Tras el cierre de la venta y al final del servicio, debe hacerse un estudio cuantitativo y cualitativo. Se repasan y anotan los posibles fallos, la satisfacción del cliente, identificar sus gustos, preferencias y comentarios. Algunos establecimientos pasan un cuestionario de satisfacción al cliente con la finalidad de mejorar la atención y servicio, y las ventas.

El propio local del restaurante es el punto de venta del negocio. Para atraer al cliente, la oferta y el local han de ser atractivos, y sus trabajadores, el mayor y mejor valor para conseguir una buena venta. El merchandising *tiene una importante función promocional.*

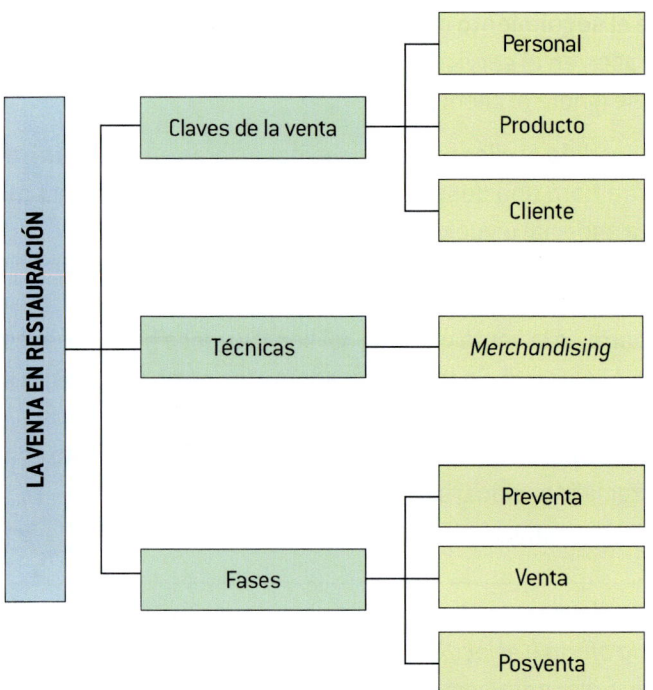

Figura 4.3. La venta en restauración.

Actividades finales

4.1.   Un estudio de mercado debe valorar (mencionar al menos cuatro paráme-
        tros, anotar alguno más destacable en nuestra zona geográfica):

        -
        -
        -
        -

4.2.   En los siguientes enunciados alguno es verdadero (V) y alguno falso (F).
        Señalarlos y debatir:

        - Son elementos clave de la venta el personal, el producto y el cliente ....

        - No es importante que el personal ignore aspectos de la oferta ....

        - Sin clientes el negocio ha de cerrar ....

        - En los restaurantes no es importante el *merchandising* ....

        - Los restaurantes son fabricantes y distribuidores a la vez ....

4.3.   Vamos a completar:

        - Los bienes son algo material, tangible, como por ejemplo ....
          ....

        - Los servicios son algo inmaterial, intangible, como por ejemplo
          ....

        - El cliente obtiene una ventaja física, como ....

        - El cliente obtiene también una ventaja psicológica, como ....
          ....

4.4.   Recordemos las fases de la venta.

4.5.   Las funciones del *merchandising* son:

Bibliografía

Alacreu Ginés, J. R. (2012), *Planificación y dirección de servicios y eventos en restauración.* Síntesis.

Biosca, D. (1994), *Cien ideas para atraer clientes a un restaurante.* Ciencias de la dirección.

Castellano, M.ª I. (2012), *Procesos de servicio en el restaurante.* Síntesis.

Gallego, J. F. (1994), *Manual práctico de restaurante.* Paraninfo.

Gallego, J. F. (2006), *Manual práctico de cafetería y bar,* ed. 11. Paraninfo.

García Ortiz, F.; García Ortiz, P. P.; Gil Muela, M. (2007); *Técnicas de servicio y atención al cliente.* Thomson/Paraninfo.

Navarro Barrios, J. (2010), *Técnicas de servicio en el restaurante.* Federación Española de Hostelería.

Ojugo, C. (2001), *Control de costes en restauración.* Paraninfo.

Owen, S. (1999), *La cocina asiática clásica.* Ediciones Primera Plana, S.A.

Palomo Martínez, M. (2011), *Técnicas de comunicación en restauración.* Paraninfo.

Palomo Martínez, M. (2017), *Técnicas de comunicación en restauración.* Paraninfo.

Revista *Hostelería* (2023, 2024). Números 88, 89.

Valverde, A. (2016), *Host.* Planeta.

VV. AA. Le cordon bleu. (1999), *La cocina francesa clásica.* Ediciones Primera Plana, S.A.

VV. AA. (2005), *Cocinas del mundo.* Ciro ediciones S.A.

Webgrafía:

https://www.consultoresdegestion.es
https://www.hosteleriaaccesible.es
htpps://www.bartalentlab.com
https://www.sillasmesas.es
https://www.puromarketing.com
https://www.cehe.es

Otras fuentes:

Empresa El Llagar de Colloto (Colloto, Oviedo).

Centro de Formación de Hostelería y Turismo OTEA.

Glosario

- **Beans:** alubias pequeñas estofadas típicas en el desayuno anglosajón.

- **Bienes:** lo material, tangible que entra por los sentidos.

- **Brigada:** cada uno de los equipos de personal para el servicio al cliente.

- **Brunch:** oferta gastronómica que combina *breakfast* (desayuno) y *lunch* (almuerzo), frecuente en hoteles en fines de semana y en horario de mañana entre las 11:00 y las 14:00.

- **Bufé/*buffet*:** toda la oferta está a la vista del cliente con una presentación muy atractiva y un sistema de *self service*.

- **Capón:** pollo que se castra y ceba para conseguir mayor engorde y mejor sabor.

- **Carta:** es la oferta de todos los platos de un establecimiento, con sus precios, y agrupados en series.

- ***Chatbots*:** programas de IA que responden automáticamente preguntas de los clientes.

- **Chile:** es un tipo de pimiento picante o guindilla.

- **Cliente:** es el que compra los productos, consumidor final y objeto del negocio.

- **Cóctel:** oferta gastronómica con pequeñas elaboraciones de bocado (no precisan cubiertos) saladas calientes o frías y se sirve antes de un almuerzo o cena.

- **Comanda:** es un vale de pedido en el que se anota lo que van a consumir los clientes. Enlaza las peticiones de los clientes con los diferentes departamentos para la elaboración, servicio y cobro de sus pedidos.

- **Comandero:** es el soporte físico para anotar las comandas; puede ser estándar (papel) o electrónico (comanda informatizada).

- **Comunicación no verbal (gestual):** gestos que colaboran a la transmisión del mensaje o lo sustituye.

- **Comunicación verbal:** transmitir/intercambiar información entre personas, todo lo que se expresa por medio de palabras.

- Cuchillo *steak*: cuchillo para carnes con filo de sierra.

- *Curry*: condimento a base de mezcla de especias.

- **Desbarasar:** palabra técnica de hostelería que se refiere a todas las acciones necesarias para retirar un servicio ya finalizado.

- **Desespinado:** tarea que realiza el/la camarero/a para eliminar espinas, pieles y porcionar el pescado que se sirve al comensal.

- **Doblar mesas:** vender la misma mesa más de una vez a diferentes clientes durante el mismo servicio (servicio de comidas, servicio de cenas).

- **Drunch:** oferta gastronómica que combina merienda y cena (*dinner + lunch*), en horario de 18:00 a 21:00.

- **Empatía:** es la capacidad de ponerse en el lugar y circunstancia de otro y poder estar en sintonía con él: identificación mental y afectiva de una persona con el estado de ánimo de otra.

- *En place*: variación en la toma de comanda cuando un cliente pide cambiar un plato (*retour*) por otro nuevo.

- **Escandallo:** es un cálculo pormenorizado del coste real de todos los ingredientes del plato.

- **Escombrera:** consiste en dos platos hondos en los que se retiran los desperdicios de los platos que se sirven. Se cubre un plato con otro.

- *Feedack*: retroalimentación o dar respuesta a los mensajes.

- **Fidelización:** conseguir que un público determinado, los clientes, consuma asiduamente en el mismo establecimiento.

- **Flambeado:** técnica muy vistosa para preparar algunos alimentos (en el servicio a la vista del cliente) rociándolos con una bebida alcohólica y prendiéndole fuego.

- **Guacamole:** salsa espesa de origen mejicano, a base de aguacate y otros ingredientes para dipear o untar.

- **Guarnición:** es una elaboración culinaria que acompaña al género principal.

- **Gueridón:** pequeña mesa móvil con ruedas y diferentes baldas que se utiliza como mesa auxiliar para el servicio.

- **Halitosis:** aliento desagradable.

- **Huevos *mollet*:** huevos cocidos en agua hirviendo durante cinco minutos. La yema debe quedar blanda.

- **Jefe de rango:** camarero/a responsable de su rango o grupo de mesas (y número de comensales) que se le adjudican para el servicio. Puede tener ayudantes.

- **Khoser:** dieta con alimentos «puros» según las tradiciones judías.

- **Libro de reservas:** dietario-calendario para anotar las reservas de los clientes en cada fecha solicitada.

- **Lito:** paño rectangular blanco, que lleva el camarero doblado en su muñeca izquierda para protegerse del calor durante el servicio, absorber humedades…

- *Lunch:* oferta similar al cóctel, pero más abundante que se suele servir a media tarde y puede sustituir al almuerzo o cena.

- *Maître:* es el máximo responsable de sala, distribuye las tareas a toda la brigada, recibe y asesora a los clientes. En ausencia del sumiller, realiza también sus funciones.

- **Marcar:** colocar los cubiertos necesarios a cada comensal para degustar el plato que se va a servir.

- **Maridaje:** es adecuar la bebida más apropiada para cada elaboración.

- **Menú:** es la oferta gastronómica básica de un restaurante.

- *Merchandising:* objetos en venta o gratuitos para promocionar un producto o servicio.

- *Mise en place:* término francés y expresión propia de hostelería para referirse a la preparación previa de todo lo necesario para dar un servicio al cliente.

- **Mozzarella:** queso fresco italiano de leche de búfala.

- **Muletilla:** servilleta preparada con dobleces característicos en los que albergar los cubiertos necesarios para los platos que se van a servir.

- **Onomatopeya:** imitación de un mensaje por medio del sonido.

- **Pecana:** es un tipo de nuez de Estados Unidos, cultivada también en otros países.

- **Pinzas:** es un juego de cuchara sopera y tenedor trinchero que se emplea para coger los alimentos y transportarlos al plato del cliente, servicio del pan, retirar las servilletas usadas...

- **Plato trinchero:** plato llano para el servicio de géneros sólidos (carnes, pescados, verduras…).

- **Productos de cortesía:** detalles gratuitos para animar las ventas.

- **Proxémica:** espacios y distancias que guardan las personas entre sí al comunicarse.

- **Pularda**: es una gallina criada y cebada especialmente para su engorde.

- **Puntilla de mesa**: cuchillo con hoja puntiaguda, muy afilado y sin sierra para carnes, en lugar del *steak*.

- **Queja**: manifestación de insatisfacción.

- **Rango**: grupo de mesas y comensales atendidos por el jefe de rango y sus ayudantes.

- **Reclamación**: solicitud de exigencia de un derecho supuestamente vulnerado.

- *Retour*: Variación en la toma de comanda que significa 'devolución', cuando un cliente devuelve un plato.

- *Room-service*: es el servicio de habitaciones en los hoteles. La oferta gastronómica se sirve al cliente en su habitación.

- *Sashimi*: plato japonés a base de pescados crudos cortados en pequeños trozos finamente, Se diferencia del sushi porque no lleva arroz.

- **Servicio a centro de mesa (a la española)**: el/la camarero/a deja la fuente en el centro de la mesa con las pinzas apoyadas y los comensales se sirven ellos mismos. Son elaboraciones para compartir.

- **Servicio a la francesa**: el cliente se sirve a sí mismo de la fuente, sopera, legumbrera que el/la camarero/a le presenta por la izquierda.

- **Servicio a la inglesa**: el/la camarero/a sirve los alimentos, desde la fuente preparada en cocina, al plato del cliente por la izquierda de este con las pinzas, cucharón o cazo sopa, según la elaboración (sólidos, sopas, legumbres…).

- **Servicio a la rusa**: es como el servicio desde gueridón pero en este caso se trata de platos calientes.

- **Servicio desde gueridón**: la comida está en la pequeña mesa móvil desde donde el/la camarero/a la porciona y sirve a cada cliente, o completa o elabora una preparación en el servicio a la vista del cliente.

- **Servicio emplatado/americano**: la comida se prepara en cada plato en cocina y el personal de sala lo transporta y sirve al cliente por la derecha.

- **Servicios**: lo inmaterial, intangible, no entra por los sentidos. El trato, la atención.

- **Servucción**: neologismo que se refiere a la combinación de servicios y producción.

- *Steak tartare*: plato frío a base de solomillo crudo que se elabora en el servicio a la vista del cliente.

- *Suite*: variación en la toma de comanda que significa 'sigue', cuando se incorpora un nuevo cliente a la mesa ya comandada o cuando alguno pide un nuevo plato.

- **Sumiller**: persona encargada de las debidas y los quesos del restaurante. Asesora del maridaje y toma la comanda de bebidas.

- *Sushi*: comida japonesa que consiste en pequeños bocados a base de arroz y otros ingredientes.

- **Tempura**: es un rebozado muy fino y crujiente que se emplea en algunas frituras.

- **Tenedor trinchero**: tenedor de cuatro dientes utilizado para carnes, pastas, verduras.

- **Tirar manteles**: técnica para extender manteles y cubres sobre la mesa.

- **Trinchado**: tarea que realiza e/la camarero/a para pelar, trocear, deshuesar, las carnes y frutas que va a servir al comensal.

- **Villagodio**: chuletón, de vaca o de buey, asado a la parrilla.

- **Vinos espumosos**: son los que contienen gas carbónico (cavas, champán).

- **Vinos generosos**: son los vinos tipo finos, manzanilla, amontillados.

- **Vinos tranquilos**: los vinos sin gas carbónico.

- **Vuelco**: cada uno de los platos que resultan de una misma elaboración culinaria y se sirven y consumen por separado (el cocido de garbanzos tiene al menos tres vuelcos).